Sprache des Herzens

Wendelin Überzwerch

Sprache des Herzens

Erlebtes und Erträumtes

Knödler

Wendelin Überzwerch, ein Meister der Kurzgeschichte, unvergeßlich durch seine Schüttelreime, Gedichte, hochdeutsch und in schwäbischer Mundart, hat eine große Fülle teils unveröffentlichter Manuskripte hinterlassen. Die in diesem Bändchen aufgenommenen Erzählungen und Gedichte sind bisher nicht in Buchform erschienen und wurden von *Franz Georg Brustgi* ausgewählt.

© Copyright 1977 bei Verlag Karl Knödler, Reutlingen
Alle Rechte, einschließlich derjenigen des auszugsweisen Abdrucks
und der fotomechanischen Wiedergabe, vorbehalten.
Printed in Germany 1977
Herstellung: Druckerei Harwalik KG, Reutlingen
ISBN 3-87421-069-3

Inhalt

7 Das holde Antlitz

67 Die Liebesprobe

71 In der Torfhütte

76 Die Dreiweiber-Mühle

82 Eine verzwickte Geschichte

87 Gerüchte im Städtchen

91 Unschuld vom Lande

95 Ein unmögliches Mädchen

99 Die Eigensinnige

103 Der Kuß der Unbekannten

106 Luzias drei Einsilber

111 Das Kind mit der Puppe

115 Ein goldenes Kettchen für Albertina

127 Wie Balthasar Häberlein im Himmelreich empfangen wurde

130 Himmlisches Gericht

133 Gedichte

Das holde Antlitz

1. Das Land

Man weiß nicht so recht, wie es sich schickte, daß Burrweiler in den Ruf eines besonders erholsamen Ortes kam. Vielleicht weil es gar nichts für seine Gäste tat, sie durch keinen Verschönerungsverein und keine Veranstaltungen behelligte und sein eigenes Leben weiterlebte. Immerhin sah man die Paar Dutzend Fremde, die sich alljährlich einfanden, nicht ungern: sie boten Gesprächsstoff und ließen mehr oder minder bescheidene Sümmchen Geld im Flecken. Man vermietete ihnen die geräumigen Dachstuben und versorgte sie gewissenhaft; man nahm es hin, daß sie Genüge daran fanden, am hellen Tag spazieren zu gehen oder lesend im Garten zu liegen, und wenn die Gäste keine Matronen oder Ruheständler waren, so gab's auch hin und wieder eine erfrischende Liebelei. So recht verstanden es die Einheimischen freilich nicht, wieso ausgewachsene vernünftige Menschen sich für Wochen in diesem weltverlorenen Winkel des oberschwäbischen Landes vergraben mochten, der nur ein paar Mal wöchentlich von einem klapprigen Autobus berührt wurde und doch nichts bot als ein buntes Gewürfel von einigen zehn bäuerlichen und kleinstädtischen Anwesen, eine alte Kirche, über die sich dem Vernehmen nach einige Gelehrte schriftlich aufregten – ja und eben die stillen Reize einer noch nicht allzu gezähmten Natur. Reifende Felder mit den farbigen Klecksen von Kornblumen und Mohn, springlebendige Bäche, die gelegentlich wilde Tobel bildeten, verschilfte kleine Seen mit Nestern brütender Vögel, ein großes Torfmoor mit einer seltenen Pflanzenwelt und schließlich die weiten grünen Wälder im bewegten Auf und Ab der Höhenzüge – die ewige Poesie, wie sie die schlichteNatur ausströmte, sie mochte wohl schon Menschen begeistern, die das ganze Jahr in den Städten wohnten, lärmenden Geschäften nachgingen und sich die Sehnsucht nach ländlicher Ursprünglichkeit bewahrt hatten.

Wenn man sich eine knappe Viertelstunde vom Ort entfernte, klomm stattlicher Buchenwald bescheidene Kuppen hinauf und verlor sich oben in Beerengebüsch und Nadelforst. Kreuz und quer und scheinbar ziellos schlängelten sich schmale

Pfade durch eine anmutige Wildnis, die gleichwohl der feierlichen Urtümlichkeit nicht entbehrte. Dem Blick des Wanderers boten sich in den Lichtungen immer wieder reizvolle Ausblicke in eine stille Welt, die im Hintergrund von den Bergen der Schweizer Alpen triumphal begrenzt wurde. Es mochte eben dieser Zusammenklang von herber Anmut der Nähe und erhabener Majestät der Ferne sein, die empfindsame Gemüter immer wieder an diesen Ort zog, und nicht ohne Sinn hatte ein Mann der Feder, dankbarer Gast von Burrweiler, einmal in einem die Landschaft liebevoll nachzeichnenden Aufsatz den adeligen Schatten des Böhmerwalddichters Adalbert Stifter beschworen.

2. Ein Gast

Als der Professor Hieber im vorigen Herbst auf einer Wanderung Burrweiler entdeckte, hatte er gleich fürs nächste Jahr ein Quartier auf mehrere Ferienwochen ausgemacht und es beim Bauer Egerer gefunden. Der Hof lag etwas abseits vom Flecken, mit einem anderen zusammen; das mit alten Bauernmöbeln bestandene Dachzimmer war groß und sonnig, es war ein prachtvoller Obstgarten da und die Leute gefielen ihm.
Und nun war er also eingezogen und hatte es sich

bequem gemacht. Eine Riesenkiste mit Büchern war vorher eingetroffen.

Was war das für ein Professor? fragte man sich bei Egerers. Unter einem Mann mit diesem Titel stellte man sich eigentlich einen ehrwürdigen Herrn mit Brille und mindestens angegrautem Haar vor. Dieser Professor Dr. Hieber aber war ein Mann in den dreißiger Jahren mit frischem Gesicht und manchmal fast jungenhaft quickem Benehmen. Nun, der Gast gab selber Auskunft: er war Musiklehrer an einem Kunstinstitut der Hauptstadt, er hatte auch selbst schon einiges vertont, und nun wollte er die Ferien benutzen, um in Ruhe an einem Buch über die barocke Kirchenmusik zu arbeiten. Man hatte dies bei Egerers mit gebührender Hochachtung zur Kenntnis genommen, wußte, daß es »so etwas« gab und geben mußte, wenn man's auch nicht verstand.

Nun lag oder saß der Professor also jeden Morgen – der Himmel wollte ihm wohl und schickte Tag um Tag Sonne und Wärme – in Egerers herrlichen großen Baumgarten, las in den Büchern, die er um sich aufgestapelt hatte, machte sich Notizen, studierte und schrieb. Manchmal aber überließ er sich auch in unbekümmerter Freude dem schönen Tag, schaute in den blauen Himmel hinein und fand das Leben beglückend schön. –

Als ihm Alice, Egerers Älteste, an einem der ersten Morgen sein Glas Milch in den Garten brachte, war er betroffen von der schlichten Schönheit des Mädchens. Sie war noch in sich beschlossen, diese Schönheit, sie strahlte noch nicht voll, war eine Knospe, kurz vor dem seligen Augenblick der Entfaltung. Hieber entsann sich, das Mädchen im Vorjahr flüchtig gesehen zu haben, als er das Ferienquartier besichtigt hatte; aber erst jetzt überkam es ihn, daß, außer dem schönen, ruhigen Zimmer, die Aussicht, mit diesem Mädchen unter einem Dach zu wohnen, seine Wahl bestimmt hatte.

»Es ist sehr freundlich, daß Sie mich selbst bedienen«, sagte er. »Bitte, stellen Sie das Glas auf den Tisch!«

Alice lachte unbefangen: »Auf den Tisch? Da ist kein Winkel mehr frei.« Tatsächlich war er mit aufgeschlagenen Büchern über und über bedeckt. Eilig schuf er Platz.

Sie wollte gehen. Als sie sich wandte, griff ihm der Adel ihrer Erscheinung ans Herz. »Fräulein Alice«, rief er ihr nach, obwohl er im Augenblick noch nicht wußte, was er ihr sagen sollte; nur noch einen Augenblick um sich haben wollte er sie. Ihre Nähe tat so wohl.

»Ja, also Fräulein Alice —!«

Sie sah ihn mit ihren großen blauen Augen fragend an.

»Fräulein Alice, können Sie es mir nachfühlen, wie unendlich wohl mir hier ist nach all der Hetze in der Stadt. Was haben Sie es doch gut, immer hier zu sein.«

»An die viele Arbeit bei uns denken Sie wohl nicht?« sagte sie ernst.

»Ich weiß, ich weiß,« beeilte sich der Professor zu erwidern. »Ich habe selbst Bauernblut in mir, meine Vorfahren haben auf der Alb droben gewerkt.«

»Ich bin gerne zu Hause, Herr Professor, und auch meine Arbeit ist mir lieb. Aber zwischendrin, ach, da hab' ich doch etwas Sehnsucht nach ... nach ...« Ihre Blicke umfaßten die Bücher und sie schienen den Mann mit einzubeziehen.

»Sie lesen gerne?«

»Oja, aber leider kommt unsereiner selten dazu. Wir haben auch nur wenige Bücher.«

»Darf ich Ihnen einige leihen?«

Er sah, wie sie sich freute.

»Ich suche Ihnen etwas Schönes heraus.«

Vom Hof her rief man. »Vater braucht mich. Vielen Dank, Herr Professor!«

Hieber sah ihr nach. Das war kein Bauernmädchen der gewöhnlichen Art. Schon wie sie ging, hatte nichts von bäuerlicher Derbheit. Er hätte diesen Gang mancher seiner Schülerinnen vom Konservatorium gewünscht. Und dieses klare, gut geschnittene Gesicht verriet mehr innere Kultur als der Durchschnitt ihrer städtischen Mitschwestern bot.

Überhaupt diese Familie Egerer! Da hatte er einen guten Griff getan, sich hier einzumieten. Vater, Mutter, Kinder – ruhige, schaffige Leute von natürlichem Takt; das hatte er, empfindlich in diesen Dingen, sofort gespürt. Hier war gut sein. Hier würde er die Stimmung finden, um an seinem Buch zu arbeiten. Und hier war ja auch das Land der barocken Kirchen und Klöster und Schlösser – vielleicht fand sich noch manches Material für seine wissenschaftliche Arbeit, wenn man Augen und Ohren offen hielt.

Er würde auch möglichst bald den Pfarrer besuchen. Die Kirche besaß eine schöne alte Orgel, auf der er gern gelegentlich spielen würde. Er hätte auch nichts dagegen, an einem Sonntag den Lehrer zu vertreten und den Gottesdienst zu begleiten, so blieb man in der Übung. Wie schön mußte Bach klingen auf diesem alten Instrument, das der erste eines Geschlechtes von eingesessenen Orgelbauern einst geschaffen hatte. Und wie mußte sich's drauf phantasieren lassen! Ob ihn freilich die Bauern verstehen würden? Ach, was heißt schon verstehen, bei der edlen Frau Musika! – wenn's ihnen nur irgendwie ans Herz ging! Ob Alice? – ja, die würde Sinn haben dafür; man hat nicht solche Augen, wenn man stumpf ist für die ewigen Schönheiten . . .

3. Sturm im Pfarrhaus

Pfarrer Seyfried saß in seinem Studierzimmer und rauchte gemütlich eine Pfeife. Da wurde ihm der Kirchengemeinderat Bollwanger gemeldet. Der Pfarrherr seufzte. Es gab Mitarbeiter, die gar zu eifrig waren. Einen Augenblick überlegte er, ob er die Pfeife weglegen wollte, die dem Bollwanger gewiß nicht nur in die Nase, sondern auch ins frömmliche Herz stach. Dann siegten Mut und Humor.

Der Kirchengemeinderat Bollwanger fand seinen Seelenhirten in dicken Tabaksqualm gehüllt. Die freundliche Begrüßung erwiderte er zurückhaltend. Darf eigentlich ein Diener Gottes rauchen?

»Und was haben Sie auf dem Herzen?« fragte Seyfried.

»Herr Pfarrer, ich mache mich zum Dolmetscher der Gefühle« (diesen Ausdruck hatte er neulich irgendwo gelesen und fand ihn von alttestamentarischer Wucht) — »der Gefühle der ganzen Gemeinde Burrweiler —«.

Seyfried hob warnend die Hand: »Vorsicht, Herr Bollwanger, Vorsicht vor Verallgemeinerungen!« Er kannte den gleisnerischen Tropf nur allzugut. Doch der beachtete den Einwurf nicht.

»...Wenn ich Protest erhebe gegen die Schändung unseres Tempels durch heidnische Musik!...« fuhr Bollwanger fort.

Der Pastor seufzte in sich hinein. Das war nun mal Bollwangers Ausdrucksweise, und er wußte auch gleich, wohin der Kerl zielte.

»Sie meinen, weil am Sonntag der fremde Professor —.«

«Ganz recht, Herr Pfarrer, ganz richtig. Sie teilen also auch meine Ansicht!« Seyfried konnte sich nicht enthalten, trocken zu sagen: »Ich dächte, Sie sprächen nicht für sich, sondern für die ganze Gemeinde?«

Bollwanger, der den Hieb gemerkt hatte, unterdrückte seine Wut. »Natürlich tue ich das. Wir dürfen so etwas nicht länger dulden. Wenn ich nur an die Herzen unserer unschuldigen Kinder denke, — und dann dieses Tanzgedudel auf der Tuba des Herrn! Sie haben mich gleich verstanden, Herr Pfarrer, also haben Sie sich auch schon Gedanken darüber gemacht.«

O, der Bollwanger war schlau, Seyfried wußte es. Er, der Pfarrer hätte sich dumm stellen sollen, jetzt wollte ihn der Bursche gleich festnageln. Aber nein: er würde nicht klein beigeben.

»Es stört Sie doch nicht, wenn ich rauche?« fragte er liebenswürdig, um mit gleicher Münze heimzuzahlen.

»Es ziemt mir nicht, Ihnen Vorhaltungen zu machen, Sie sind bei sich zu Hause«, entgegnete der Gast verkniffen. »Ja, um auf die Sache zurückzukommen: ich finde, man darf diesen — diesen

Musikanten am Sonntag nicht mehr an die Orgel lassen. Was der gespielt hat! Ich bin nur ein dummer Bauer« (einen kleinen Augenblick machte er eine Pause, um einen abwehrenden Einwurf des Pfarrers abzuwarten, aber der tat ihm den Gefallen nicht) – »aber solche Musik gehört nicht in das Gotteshaus. Das ist weltlich, das ist heidnisch, das ist sündig –«.

»Zum Teufel, das ist nicht wahr!« unterbrach ihn jetzt wütend der Pfarrer, und Bollwanger zuckte zusammen bei der Nennung des Gottseibeiuns und starrte auf Seyfrieds Pfeife, mit der dieser in der Erregung heftig gestikulierte. »Nicht wahr ist das, was Sie sagen, Verehrtester! Der Professor Hieber ist ein bekannter Musiker, und wenn er etwas spielt, so ist das in Ordnung, auch wenn wir's nicht gleich auf Anhieb erfassen. Im übrigen kann ich Sie beruhigen: es war Kirchenmusik aus dem 18. Jahrhundert, unbekannte Sachen, die der Professor aus Archiven ausgegraben hat.«

»Er hätte sie drinnen lassen sollen!« rief Bollwanger, wobei wir es ihm überlassen müssen, was er sich unter der Ausgrabung dachte. »Jedenfalls wollen wir so etwas nicht hören.«

»Weil Ihr stumpfen Herzens seid –!« hätte der Pfarrer gerne gesagt, aber er unterdrückte es. Bollwanger hatte seine Anhänger im Dorf. Er mußte mit ihnen rechnen! Sie würden ihm diese Abfuhr ihres Sprechers nicht verzeihen. Aber nein: gegen seine Überzeugung würde er nicht handeln. So klang es jetzt sehr kühl, als er sagte (und seine Pfeife machte einen deutlichen Schlußpunkt): »Ich habe Ihren Protest zur Kenntnis genommen, Herr Bollwanger. Ich bedaure ihn zurückweisen zu müssen. Ich habe keine Lust, mich vor dem ganzen Lande zu blamieren, indem ich einem Professor Hieber den Zutritt zu unserer Orgel verwehre.«

Bollwanger mochte die Unnachgiebigkeit des Pfarrers fühlen. Er zog das Taschentuch, schneuzte sich umständlich, wedelte noch mit ihm, als beize der Tabakrauch seine Augen; dann stand er brüsk auf und verabschiedete sich.

4. Alice

Die Arbeit auf dem Bauernhof gibt nicht viel Muße für besinnliche Gespräche. Nur selten traf der Professor Alice. Er aß mittags und abends im Gasthaus, nur das Frühstück nahm er auf seiner Stube oder im Garten ein, und das pflegte die Mutter zu bringen. Und wenn er Alice einmal begegnete, dann hatte sie es meist eilig. Oft aber sah er sie auf dem Hofe werken und freute sich der ruhigen sicheren Art, mit der sie alles anfaßte. Es schien, als kämen ihr die Dinge entgegen. Der wort- und lobkarge Vater Egerer bestätigte es ihm, daß Alice »eine tüchtige Bäuerin« sei.

Als an einem Erntetag sich eine dunkle Wolkenwand heranschob, tauchte Professor Hieber plötzlich gabelbewaffnet auf dem Felde bei Egerers auf. »Ich darf doch mithelfen?« fragte er. »Ich kann mir vorstellen, daß heute jede Hand gebraucht wird.«

Vater Egerer dankte mit natürlichem Anstand, seine Frau lächelte dem Helfer freundlich zu. »Wenn Sie zurechtkommen?« meinte sie.

»Als Werkstudent habe ich öfters auf dem Lande gearbeitet, und gelenkige Finger habe ich von Berufs wegen!«

Die zwei Egererbuben, junge Kerls noch, waren furchtbar stolz, daß »ihr« Professor mithalf. Es ging auch ganz gut. Noch vor dem Gewitter waren die Wagen eingebracht. –

Hieber schämte sich ein bißchen. Denn, Hand aufs Herz: war es nur die Sorge um die Garben gewesen, die ihn aufs Egererfeld hinausgetrieben hatte? Nein, lieber Wilhelm Hieber, gesteh es: mit Alice wolltest du zusammensein! In ihre zauberischen Augen wolltest du sehen, den Klang ihrer spröden Stimme hören und nachkosten, sie fragen wolltest du, ob sie die Bücher gelesen. Sehnsucht hattest du nach ihr, Heimweh...

Sie habe heute morgen in die Stadt radeln müssen, hatte Mutter Egerer nebenbei erklärt, wichtige Ersatzteile für die Maschine holen. Freilich, wenn man geahnt hätte, daß das Wetter umschlage,

hätte sie dableiben müssen. Um so netter, daß nun der Herr Professor für sie eingesprungen sei!
»Ich bin in Gefahr«, philosophierte Hieber im Stillen. »Ich verliere mein Herz an ein Bauernmädchen. Alice ist zu gut für eine Spielerei. Ich muß sie in Ruhe lassen – und mich. Aber über den Buchstaben, die ich kritzle, taucht mir immer ihr holdes Antlitz auf. Jawohl, Herr Professor, sagen Sie ruhig »holdes Antlitz!« Sprechen Sie nur so gehoben! Soll ich »hübsches Gesichtchen« sagen? Hübsche Gesichtchen haben meine Fratzen vom Konservatorium – und sie sind oft genug gefährlich. Aber dies ist ein holdes Antlitz. Wie es die spätgotische Madonna in der Kirche hier hat – ein Wunder, daß sie noch dasteht und nicht in ein Museum entführt ist. Hoheit strahlt von ihr aus bei aller Lieblichkeit. Der Künstler, der dieses Werk vor einigen hundert Jahren schnitzte, wird sich als Modell ein Mädchen aus dem Dorf genommen haben, vielleicht eine Urahnin dieser Alice Egerer. Sinnenfroh und hoheitsvoll – irdische und himmlische Liebe in einem! Ist's nicht bei meiner barocken Kirchenmusik auch so? Ich muß dem Mädchen einmal auf der Orgel vorspielen, ihr allein, damit sie spürt, wie gern ich sie habe. Nein, hüte dein Herz, Wilhelm Hieber! Laß ab von diesem Abenteuer! Es kann doch nicht *mehr* sein. –
Am andern Tag, beim Beerensuchen im Wald, kam Hieber mit Alice ins Gespräch.

»Und die Bücher haben Ihnen gut gefallen?«
»Ja, von den Mörikegedichten habe ich schon einige gekannt. Für ganz dumm dürfen Sie uns nicht halten!« sagte sie schelmisch.

Aber der Professor sah ernst drein. »Woher kannten Sie sie?«

»Ach, einige haben wir in der Schule gelernt, und dann hat mir die Großmutter etliche vorgesagt.«
»Ihre Großmutter lebt noch?«
»Ja freilich. Sie kennen sie noch nicht, die Großmutter? Dann haben Sie das Beste auf dem Egererhof versäumt!«
»Nein, ich habe sie wirklich noch nicht gesehen!«
»Sie war einige Wochen nicht ganz wohl. Auch kommt sie wenig mehr aus ihrem Stüchen heraus, nur in die Kirche geht sie hie und da. Ich führe Sie einmal zu ihr.«
»Das würde mich freuen. Und bei ihr also haben Sie – literarischen Unterricht genommen?«
»Wenn Sie's so heißen wollen? Großmutter ist das reinste Versbuch. Sie ist nämlich – ach, das kann man nicht sagen. Sie müssen sie eben kennenlernen. Sie versteht alles. Wenn man einmal nicht mehr recht ein und aus weiß, dann ...«
»Kommt das in Ihrem schlichten ländlichen Leben auch vor?«

Alice sah ihn aufmerksam an. Ganz geradewegs, wie es die Städterinnen nicht tun. Es stand eine ganz leise Drohung in diesen Augen.

»Vielleicht unterschätzen Sie unsereinen«, sagte sie ruhig.

»Um Gotteswillen, so meinte ich das nicht. Ich habe mich schief ausgedrückt.«

»Ja«, erwiderte Alice nur, und Hieber spürte ärgerlich, daß er errötete.

»Und das andere Buch?« fragte er nach einer Pause. »Die Novellen von Conrad Ferdinand Meyer?«

»Sie haben mir sehr gefallen. Ich könnte ewig so lesen. Schöne Sachen haben Sie mir herausgesucht.«

»Ich dachte, das Beste sei gerade gut genug für Sie, Alice.«

Das Mädchen sah ihn wieder mit diesem großen, stillen Blick an, aber diesmal mit einer gütigen Wärme.

»Jetzt haben Sie's wieder gut gemacht — das von vorhin.«

Nichts von falschem Getue an ihr, keine heuchlerische Ablehnung seines ehrlichen Komplimentes. Sie nahm es an, ebenso ehrlich und dankte. In die Becherchen, die sie sich vorgebunden — sie wurden dann in den großen Korb entleert — rollten die Himbeeren. Die Sonne brütete heiß über dem Gebüsch. Durch eine Lücke glitzerte silbrig ein Stück Bodensee. Der Wind rauschte in den Wipfeln der Tannen und Kiefern. In der Ferne hörte man Viehglocken.

Sie standen eine Weile und sahen in die Landschaft hinaus. Hieber ging es durch den Kopf: auch sie, diese Landschaft von schlichter Hoheit, biete jenes »holde Antlitz«, das die Madonna in der Kirche und das Mädchen Alice zeigten.

»Sie sind wie der Genius dieses Landes«, sagte er leise, und er zweifelte einen Augenblick, ob sie verstehe, was er meine.

Und wieder hatte Alice diesen offenen großen Blick, eine sanfte Röte überzog ihr Gesicht. Sie sagte nichts, aber er wußte, daß sie seine Huldigung sehr wohl verstanden hatte.

»Haben Sie meine Musik am Sonntag in der Kirche gehört?« fragte er nach einer Weile.

»Dafür habe ich Ihnen noch herzlich zu danken. Ich wollte es schon immer tun, aber ich bring' sowas so schlecht fertig. Ich hoffe, Sie haben es gespürt, daß ich eine andächtige Zuhörerin war.«

Hieber freute sich sehr. Er strahlte das Mädchen an und es lächelte ihm freundlich zu.

»Wenn ich schöne Musik höre, versinkt alles um mich her. Ich verstehe ja nichts davon, aber −.«

»Mit dem Gemüt versteht man oft mehr, als mit dem Kopf! − ich habe zuerst Bach gespielt.«

»Denken Sie nur, ich weiß sogar, wer Bach war!« blitzte ihn Alice an. Da hatte er hinterher doch noch einen Klaps weg für seine städtische Überheblichkeit! Er verbeugte sich, es fiel ihm nichts anderes ein.

»Jawohl«, lachte seine Begleiterin, »meine Freundin Hedwig nämlich, die Lehrerstochter, spielt mir oft auf dem Klavier vor, ich sitze dann mäuschenstill daneben.«
»Ja, das ist eine andere Welt, als die Ihres Alltags.«
Alice überlegte. »So schrecklich verschieden finde ich sie nicht einmal.«
Hieber war überrascht. Da stand dieses Bauernmädchen und sagte so nebenbei Dinge, über die sich wahrhaftig nachzudenken lohnte. War es denn nicht gerade der Fluch unserer Zeit, daß die Kunst die Fühlung mit dem Volk verlor, es nicht mehr einbezog in ihren Zauberkreis? War früher nicht jeder Handwerker ein Künstler − ein geringer vielleicht, aber irgendwo im Innern angerührt von der hohen Verantwortung seines Schaffens? Da wissen wir nicht einmal mehr die Namen der Männer, die Kathedralen türmten, Altartafeln von überquellendem Reichtum der Farben und Formen malten, Madonnen schnitzten mit »holdem Antlitz«... Und wie war's in der Musik? Ging es ihm in seinem Buch über die Barockmusik nicht gerade mit um die Untersuchung, ob diese deliziösen Musiken noch volkhaft waren, oder schon nur noch höfischer Klingklang? Für dieses und jenes gab's Beispiele. Und da sagt dieses Mädchen Alice, daß ihr jedenfalls Bachs Musik mit ihrem Alltag zusammenklinge! Dieses schlichte ländliche Kind. Zum Teufel! Hing er immer noch

oder schon wieder an diesem hybriden Vorurteil, das ihm eben noch Tadel eingetragen? Ist nicht gerade die unverborgene Natur eines solchen Menschenkindes das beste Objekt für unverfälschte große Kunst? Natur und Kultur – ewiges uraltes Thema des Künstlers, des Kunstfreundes, des Kunstforschers! –

»So kriegen sie aber Ihr Häfele bestimmt nicht voll!« lachte es neben ihm. Er fuhr zusammen. Da stand er und träumte in den Tag hinein.

»Jedenfalls freue ich mich herzlich, daß ich Ihnen mit meiner Musik etwas sagen konnte. Ich habe ja dann auch freie Phantasien gespielt und der Herr Pfarrer hat mir verraten, daß einige Burrweiler empört waren über so weltliche Musik, wie sie meinen. Respekt vor Hochwürden. Er hält mir die Stange und hat mir sogar den Kirchenschlüssel gegeben, damit ich nach Belieben an die Orgel kann. Wenn Sie einmal eine freie Stunde haben – kommen Sie wohl mit mir, ich möchte für Sie spielen. Nur für Sie, Fräulein Alice, liebes Fräulein Alice. Wird das gehen?«

»Ich denke doch. Ich werde die Großmutter fragen.« –

Man konnte wahrhaftig allmählich gespannt sein auf diese Großmutter, diese Haussibylle. Großmütter pflegen im allgemeinen von zwanzigjährigen Enkelinnen nicht um Rat gefragt zu werden in Herzensangelegenheiten.

Herzensangelegenheiten! Hast du ein Recht, so zu sprechen, Wilhelm Hieber? Weißt du denn, ob ihr Herz angerührt ist von deiner Zuneigung? Taumelst du da nicht doch in ein Abenteuer hinein, dessen du dich nachher schämst? Aber könnte es denn etwas Köstlicheres geben, als die Liebe eines solchen Naturkindes? Vorsicht, Vorsicht, Freundchen – sind das nicht nur literarische Erinnerungen: »Ich ging im Walde so vor mich hin...?« War Goethe vielleicht glücklich mit seinem Naturwesen Christiane? Aber was heißt hinwiederum Glück. War er glücklich mit der feingebildeten Charlotte? Charlotte oder Christiane – muß nicht gerade der Künstler ewig schwanken zwischen diesen beiden Polen des Weibtums? Ach, weg mit diesen verstandesmäßigen Überlegungen! Wenn dein Herz spricht, folge ihm! Reiß das Glück an dich, wenn es dir über den Weg läuft! Wie selten begegnet das einem Menschen! Aber ist es denn so selbstverständlich, daß Alice sich von dir erobern lassen will? Da kommt ein Mann mit schönen Titeln, »heiße Doktor, Professor gar«, sympathische Erscheinung und feste Position, wie's in den Heiratsanzeigen heißt – da wird so ein Bauernmädchen natürlich laufen und sich ihm an den Hals werfen! – Mein lieber alter ego: du solltest allmählich gemerkt haben, daß diese oberschwäbische Madonna mit dem holden Antlitz keine Romanfigur ist, die auf ihren »Helden«

wartet! Sie ist im Stande und gibt dir einen Korb und schaut dich groß und blau an!

Aber wie schön ist sie: wie sie da steht am Busch und die Beeren zupft, mit behutsamen, sicheren Bewegungen, den Kopf sanft gebeugt, als lausche sie einem fernen Ton — ihrem Schicksalsruf. Halt ein, mein Herr — nicht so viel Poesie! Wie sollte sie den Kopf anders halten, wenn sie Beeren pflückt? Diese unbewußt künstlerische Haltung steckt einfach in ihr. Und Licht umfließt ihre ebenmäßige Gestalt. Sonnenwirbel spielen im krausen Braunhaar. Sie ist wie eine Göttin edler Unbefangenheit. O Herz, mein Herz! . . .

Sein Becher ist noch halb leer. Mit einem Ruck schaltet er die dummen, die quälerischen, diese verliebten Gedanken aus und pflückt schweigend Beere um Beere. Auch das Mädchen geht still seiner Arbeit nach. Wie schön ist das, mit einem sympathischen Menschen zusammen zu schweigen.

Als sie den Sammelkorb voll hatten, sahen sie nochmals hinaus ins Land. Während sie die Früchte geerntet hatten, waren die feinen Dunstschleier im Süden gewichen und gaben nun einen überwältigenden Ausblick frei: schienen vorher die Umrisse der Berge überm See nur wie mit zartem Silberstift nachgezogen, so standen sie nunmehr ganz in voller Pracht da: aufsteigend aus dem grünlichen Sockel der Almen und Wälder in

die grauen Felsmassive bis zu den schneebedeckten Gipfeln.
»Das Wetter wird umschlagen«, sagte Alice.
Ohne daß sie es gemerkt hatten, waren ihre Hände ineinandergeschlüpft, als sie in wortloser Andacht das großartige Naturschauspiel betrachteten. – Alice saß droben in ihrem Stübchen. Es war eigentlich mehr ein Verschlag, eine Dachkammer mit schiefen Wänden. Auf der anderen Gangseite war der gleiche Raum, in dem ihre beiden jungen Brüder schliefen. Das große schöne Zimmer vornheraus war für die Gäste.
Was weiblicher Zartsinn aus wenigen Kubikmetern machen kann, das hatte Alice fertiggebracht. Auf dem Tischchen neben dem Bett mit den rotgewürfelten Kissen, lag eine zierliche Häkeldecke, ein Bauernkrug von guten Formen stand darauf mit ein paar Blumen aus Mutters Garten; einige Bildchen hingen an der Wand, ausgeschnitten aus Zeitschriften: der Schattenriß eines Kinderreigens, eine feingetönte Landschaft, ein Stilleben in wilden Farben. Daß unter dem Bild mit Bäumen und dem Ausblick auf die See gedruckt stand: »Nach Caspar David Friedrich«, unter dem andern: »Nach Vincent van Gogh«, das mochte dem Mädchen nicht viel besagen; sie hatte die Bilder gewählt, weil sie von ihnen seltsam angerührt, ja erregt worden war. In der Familie ihrer Freundin, der Lehrers-Hedwig, wurden

einige Zeitschriften gehalten, und es war Alices ganze Wonne, an freien Abenden oder Sonntagen in einer Sofaecke im Schulhaus zu sitzen, Hedwigs vorzüglichem Klavierspiel zu lauschen, ein Buch zu lesen, in den Zeitschriften zu blättern. Hedwigs Vater wollte seiner früheren Lieblingsschülerin besonders wohl und gab ihr auch als liebem Gast seines Hauses noch manch wertvollen Wink für ihre geistige Entwicklung; im Kirchenchor, den er leitete, schätzte er ihren warmen Alt.

Alice blätterte in ihrem Album, in der sich Eltern und Gevatter, Verwandte und Gespielinnen mit mehr oder minder geschmackvollen Einschriften verewigt hatten. Sie hielt eine Blume in den Fingern, eine weinrote, glockige Blüte von zarter Schönheit. Behutsam legte sie sie zwischen zwei leere Blätter des Albums und schrieb mit ihrer noch schulmäßig klaren Schrift, die nur erst in ein paar eigenwilligen Schnörkeln Charakter verrieten, dazu: »Zur Erinnerung an den Ausflug mit Professor Hieber«, und das Datum. Ihr Begleiter beim Beerensuchen hatte ihr die Blüte gepflückt und überreicht, und etwas Freundliches und Schmeichelhaftes dazu gesagt.

Es war überhaupt ein schöner Tag gewesen. Es tat so gut, sich einmal mit einem Menschen zu unterhalten, dessen Gespräch über den Alltag hinausführte. Er hatte ihr von seiner Jugend erzählt, die gar nicht so unbeschwert gewesen war, wie man es eigentlich von einem Professor annahm, von seiner beruflichen und künstlerischen Entwicklung, von seiner Arbeit an der Akademie. Es war eine neue Welt, die ihr aus seinen Worten aufstieg, aber ihr war, als reiche sie selbst mit einer Wurzel ihres Wesens doch in sie hinein oder kehre zu ihr zurück. Sie mochte ihn gern leiden, diesen Professor Wilhelm Hieber, der so wundervoll Orgel spielte, so feine Umgangsformen hatte und ihr so treuherzig – und ein bißchen unternehmungslustig – in die Augen sah. Natürlich hatte sie gemerkt, daß er Feuer an ihr gefangen, und auch ihr Herz war erregt. Sie war von heiterer Gemütsart und machte überall gerne mit, wo es fröhlich zuging, aber aus einer natürlichen Herbheit ihres Wesens heraus hatte sie die üblichen Liebeleien der Dorfjugend verschmäht und wurde nun von ungekannter Leidenschaft umgetrieben. Abwehr und Hingabe stritten in ihr.

Sie war sich ihrer keimenden Liebe bewußt und sie fürchtete sich etwas davor. Wenn auch der Professor, das fühlte sie, kein leichtherziger Verführer war, wenn sie auch die Echtheit und Wärme seiner Zuneigung spürte, was sollte aus dieser Geschichte werden? An eine Heirat würde er nicht denken: *sie* immerhin ein Bauernmädchen, auch wenn sie sich deshalb keineswegs unwert vorkam, und *er* ein Akademieprofessor. Würde »so etwas« gut gehen? Könnte sie ihm überhaupt eine ebenbürtige

Lebenskameradin sein, so etwa wie ihre Mutter es dem Vater war: als getreue Mithelferin in allen äußeren und inneren Dingen des Lebens? Sie traute sich viel zu, aber sie war sich auch durchaus der natürlichen Schranken und Verschiedenheiten im Zusammenleben der Menschen bewußt, jener Gesetze die man nicht ungestraft verletzt. Kann man mit Selbstbewußtsein und etwas angeborenem Geschmack den Mangel an Schulbildung und städtischer Kinderstube ersetzen? Ihr Stolz müßte namenlos leiden, wenn sie sich zurückgesetzt oder belächelt wüßte und sie müßte sich schämen vor dem Mann und für ihn, der sie gewählt. War es nicht besser, sich zurückzuziehen? Doch, es täte ihr sehr weh; zu tief schon saß der Stachel in der Brust...

Und wenn's der Traum eines Sommers bliebe, es wäre dann schön gewesen. Für ein Abenteuer jedoch war sie sich zu gut.

Sie hatte neulich den Antrag eines ehrenwerten Burrweiler Bauern freundlich aber bestimmt abgewiesen, nicht zur Freude ihrer Eltern, aber unbeeinflußt von ihnen; nur von der Großmutter hatte sie sich vorher Rat geholt. Sie ehrte ihre bäuerliche Arbeit und Artung, aber sie horchte auf eine Stimme in ihrer Brust, die ihr zuraunte, daß ein Keim zu edlerem Wachstum in ihr schlief. Sie würde einmal nur einen Mann heiraten, den sie aus ganzem Herzen liebte. Es mußte schon ein

besonderer sein, einer, der jenen Keim zur Entfaltung bringen würde. Er könnte ein Bauer – oder ein Professor sein...
Nachdenklich betrachtete Alice die Blüte in ihrer Hand. Sie war schon angewelkt, sie würde verdorren, aber sie wollte sie aufbewahren, auf alle Fälle. Sie lächelte vor sich hin und wunderte sich selber, als ihr eine kleine Träne zwischen die Blätter des Albums fiel... »Ich muß einmal vorsichtig mit Großmutter sprechen«, dachte sie.

5. Im Großmutterstübchen

Die verwitwete Frau Alice Thumm, nach der die Enkelin hieß, saß in ihrem Hinterstübchen, das sie nicht allzuhäufig mehr verließ. Sie war gern allein und ließ sich auch ihr Essen meist hierher bringen. Durch die Blumenstöcke am unverhängten Fenster übersah sie, immer noch scharfäugig, den Hof und nahm Anteil am Geschehen. In ihrem bequemen »Großvaterstuhl«, dem Geschenk der Familie zu ihrem 75. Geburtstag vor einigen Jahren, pflegte sie mit Begeisterung die engere und weitere Verwandtschaft zu »bestricken«; immer klapperten die Nadeln bei ihr, dabei konnten die Gedanken so schön schweifen, und man kam sich nicht unnütz und arbeitslos vor. Stand vollends ein Schälchen guten Kaffees neben ihr, so war sie glücklich. Sie hatte Jahrzehnte hindurch schwer und treu gearbeitet, sie hatte einige Kinder großgezogen, Sorgen und Leid waren ihr nicht erspart geblieben, aber eine innere Ausgeglichenheit, schöne Gabe der Natur, hatte sie nie verlassen. Ihren Kindern war sie eine strenge und gütige Mutter gewesen, bei den Enkeln war ihr die Strenge entglitten. Eine schlichte Frömmigkeit, die hart in den Forderungen gegen sich selbst, milde in denen an die andern war, hatte ihr Wesen geprägt und ihr das Leben schön, sinnvoll und reich gemacht. Ihre natürliche Klugheit und Offenheit, ihre selbstlose Güte und schließlich ein gesunder Humor – alle diese Eigenschaften hatten ihr von je eine geachtete Stellung im ganzen Dorf geschaffen, und von der alten Frau Thumm holte man sich, nicht nur innerhalb der weitverzweigten Sippe, gerne Rat in schwierigen Fragen; manche Erbstreitigkeit wurde durch ein zürnendes oder zusprechendes Wort von ihr vermieden, mancher Liebeszwist freundlich beraten und bereinigt. Was sie in den Tod nicht ausstehen konnte, waren Selbstgerechtigkeit und Unduldsamkeit, Eitelkeit und Überheblichkeit. Wer sich gegen die Gebote des Anstands verging, der mochte auch heute noch vor den scharfen Augen der Großmutter Thumm klein werden. Auf ihrem Gesicht lag die Verklärung des Alters und eines erfüllten Lebens; es war immer noch schön und lebensfrisch.

»Großmutter«, sagte Alice, indem sie den Kopf hereinsteckte, »unser Hausgast, der Professor Hieber, möchte dich gerne kennenlernen.«
Die Witwe Thumm, in deren Herzen ihre Enkelin einen besonderen Platz einnahm, lächelte das Mädchen freundlich an und erwiderte: »Möchte er das gerne, Alice, oder möchtest du es?«
Der Großmutter konnte man nichts vormachen.
»Ich möchte es schon selber gern. Weißt du, er ist...« etwas verlegen hielt sie inne.
»Ich habe ihn schon über den Hof gehen sehen, er erinnert mich an deinen Urgroßvater, Kind; solche Menschen gefallen unsereinem.«
Alice errötete. Die Stricknadeln klingelten heftig.
»Bring ihn ruhig mal herein, Kind!« sagte die Großmutter und schaute der Enkelin aufmerksam nach.
Eine Viertelstunde später stand Professor Hieber mit Alice im Stübchen. Als er das Gesicht der Greisin sah, kam es ihm bekannt vor und er sagte das.
Frau Thumm lächelte, fast ein bißchen verschämt: »Das kann schon sein, Herr Professor. Wissen Sie: vor einigen Jahren hat mal eine Frau das ganze Land unsicher gemacht, Kirchen und Städte und Menschen hat sie abphotographiert, sie schwätzte so nett und ungezwungen mit einem und – knips, war man photographiert, ehe man sich's versah. Und hinterher war man in einem Buch drin!«

Jetzt wußte Hieber: dieses schmale, vornehme Gesicht, geadelt durch ein Leben voller Arbeit und guter Taten, war ihm, umrahmt vom Sonntagshäubchen der alten Tracht, in einem Werk über das deutsche Volksgesicht aufgefallen, das eine berühmte Photographin herausgegeben hatte. Es war außer im Buch, auch auf dem Umschlag zu sehen gewesen, wohl weil der Verlag die Aufnahme als eine der schönsten und sprechendsten gewertet hatte.

Hieber empfand ein Gefühl aufrichtiger Ehrfurcht, als er der alten Frau gegenüber saß. Das hätte genausogut seine eigene Großmutter sein können, an die er sich noch gut aus seinen jungen Jahren entsann. Hier wie dort die schlichte Würde eines reifen Daseins, eines gütigen Menschentums. Eine alte Bauernfrau? Gewiß, aber was besagt schon angesichts einer solchen Offenbarung echter menschlicher Würde die sogenannte soziale Stellung? Und war der eigene Großvater, der eben jene Dame aus altem Patriziergeschlecht sich errungen hatte, nicht selber auch ein Bauernsohn gewesen?

Es entging ihm auch nicht, daß Alice das Bild der Großmutter war, mehr als deren Tochter, Alices Mutter. Er wußte, die Natur liebte es, eine Geschlechterfolge zu überspringen.

Die Unterhaltung floß munter dahin. Frau Thumm, die sehr schweigsam sein konnte, wenn sie wollte, erzählte gesprächig aus ihrer harten Jugend, wie sie als junge Bauersfrau oft schon um vier Uhr morgens im Stall stand und achtzehn Stunden Tagesarbeit keine Seltenheit waren. Und sie bekannte auch, daß man ihrer Ehe einst nicht sehr günstige Vorzeichen gestellt habe.

»Ich war Lehrerstochter, von der Alb oben. Sonst geht es meistens den umgekehrten Weg: eine Bauerntochter schnappt sich schon mal einen Schulmeister und dünkt sich dann womöglich wunderwas. Ich aber hatte mich nun einmal in Gottlieb, den Jungbauern vom Thummhof, verliebt, als ich ihn bei Verwandten im Oberland kennengelernt hatte; ich habe es nicht bereut, lieber Professor.«

»Das sieht man Ihnen an, verehrte Frau Thumm«, erwiderte Hieber und machte wahrhaftig eine kleine Verbeugung vor ihr, als säße er im Salon einer vornehmen Großstadtfamilie.

Zu seinem Erstaunen entdeckte er an der Wand eine alte Federzeichnung, die die Stadt Rom darstellte. Wie kam dieses Kunstwerk in die oberschwäbische Bauernstube? Er fragte.

Großmutter Thumm schien sich zu besinnen. »Sehen Sie nur mal nach«, sagte sie mit einem feinen Lächeln, »ich glaube, es steht drauf, wer das Bild gezeichnet hat.«

Hieber trat betrachtend vor das Bild. Nein, der das geschaffen hatte, war kein Dilettant. So sicher und

beschwingt konnte die Striche nur ein Könner und Künstler hinwerfen. Wie schnellte sich diese Brücke zur Engelsburg, wieviel geschichtliche Gewitterschwüle war in diesem engen Rahmen geballt! »Heinr Arnold pinx«, stand in der Ecke. »Es war mein Bruder«, sagte die Witwe Thumm und in ihre alten Augen trat jugendliches Leuchten. »Er war ein begabter junger Mensch, er träumte davon, ein großer Maler zu werden. Er war ziemlich älter als ich und wir hatten viel voneinander. Leider starb er in jungen Jahren.«
In Hiebers Gedanken schwang sich blitzschnell vom Lehrerhaus vor hundert Jahren über den kunstbesessenen Bruder dieser Greisin eine Brücke zu ihrer Enkelin, die in Musik lebte und edle Dichtung liebte. Eine tiefe Freude durchbebte ihn.
Alice, die still dabeigesessen war, fügte hinzu: »Ich hatte Ihnen das nicht erzählt, das von meinem berühmten Großonkel, den man hochschätzte in Malerkreisen. Ich habe ihn unterschlagen, Großmutter sollte selbst die Freude haben, davon zu erzählen, das tut sie gern.«
»Wart Kindchen, wenn du über deine alte Großmutter spottest!« Lustig klingelten die Nadeln. Der Professor mußte sich ein Gläschen Kirschwasser einschenken lassen und ein Stück Bauernbrot dazu essen. (»Das macht sie nur bei Gästen, die ihr gefallen«, verriet ihm später Alice.)

»Ich habe gehört, Herr Professor, daß Sie neulich tüchtig mitgeholfen haben«, sagte sie, »da wissen Sie auch den Wert den Brotes zu würdigen!«
»Ich stamme selber von Bauern; noch mein Urgroßvater hat den Pflug droben auf der Alb geführt.«
»Ich hab's gespürt, Herr Professor«, sagte die Großmutter.
Er sah sie fragend an, sie lächelte gütig: »Ich habe am Sonntag in der Kirche Ihre Musik gehört – da habe ich die Bergluft drin gespürt, die Heimatluft.«
Hieber errötete vor Vergnügen und Stolz und küßte der alten Frau zum Abschied die Hand.

6. Ein neuer Gast

Als Professor Hieber eines Morgens wieder in seinem geliebten Baumgarten saß und arbeitete, hörte er sich plötzlich vom Nachbarhof her angerufen: »Hallo, Holdrioh, Huldary! Professor, den Musen hingegebener, erwachet, steiget nieder vom Olymp auf die Erde, deren unwürdige Tochter Euch naht. Jawohl, ich bin's wahrhaftig: Sybill Huldary. Sybill, bitte mit Ypsilon in der ersten Silbe, abweichend vom Sprachgebrauch!«
Am Gartenhag stand eine junge, schlanke Frau in hellen Hosen und einem olivgrünen Sweater, eine Zigarette in der Hand. Über einem pikanten

Gesicht türmte sich eine schwarze Tolle, deren Wildheit noch etwas nachgeholfen schien. Hieber stand auf, etwas zögernd.
»Sybill, Sie?! Wie kommen Sie hierher?«
Sie kicherte, etwas betont, wie auf der Bühne. »Herr Professor haben vielleicht den Verdacht, ich sei ein bißchen nachgeschlichen? Nicht total unbegründet. Sie wurden hier gesichtet, es wurde mir hinterbracht, ich dachte: warum sollst du ihm nicht den Kopf verdrehen – und da bin ich, samt Malgerät, meinem bekannt losen Maul und ebenso bekannt weiten Herzen! Bitte sich zu bedienen!«
Hieber mußte lachen. »Weil's so bekannt ist, ist's auch nicht gefährlich!« »Vorsicht, Maestro, Vorsicht! Beachten Sie bitte, daß ich immerhin noch in der holdesten Blüte meiner Jahre bin: 26 zugegeben, 32 tatsächlich. Haben Sie übrigens gemerkt, wie apart ich heute meinen Pulli zur Farbe meiner berüchtigten Katzenaugen abgestimmt habe?«
»Sybill, Sie sind immer noch die alte –.«
»Sagen Sie's ruhig: die alte, unausstehliche Jungfrau, mit Fragezeichen, die einem auf die Nerven geht, mit der sich's aber mitunter ganz amüsant spielt. Denken Sie nur, ich widerspreche nicht einmal, aber ich füge hinzu: mit der man Pferde stehlen kann und die sich gern schlechter macht als sie ist.« Es schien, als milderte sich der burschikose Ton bei dem Mädchen. »Das haben Sie

eigentlich ganz nett gesagt, Professorchen und in diesem Sinne.« Eine schmale gepflegte Hand züngelte über den Zaun.
»Ich habe mich bei Ihrem Nachbarn eingemietet, damit die bösen Mäuler dann in Stuttgart erzählen können, wir hätten die Ferien miteinander verbracht. Als ob das so uneben wäre, nicht? – Oder sind Sie vielleicht schon besetzt?!« Sie fragte mit einem bösen kleinen Glitzern in ihren grünlichgrauen Augen, als habe sie, schien die Frage auch Scherz, eine leise Abwehr bei dem Manne gespürt. O, Hieber wußte, wie sensibel dieses merkwürdige Stück Frau war. Nach einigen Semestern Studium war sie Tänzerin geworden, hatte dann zur Bühne hinübergewechselt, aber seit einiger Zeit ihre »malerischen Reize« entdeckt, wie sie sich ausdrückte, und zu Pinsel und Palette gegriffen. Das Auffällige war, daß sie in allen Dingen, die sie anfaßte, weit über das Mittelmaß hinaus leistete. Ihre vielseitige und schillernde Begabung, zusammenfließend aus einem reichen künstlerischen Erbe von Vater und Mutter her, war unbezweifelt, und Hieber ahnte, daß sie eigentlich nur deshalb von Kunst zu Kunst getrieben wurde, weil sie sich immer wieder an den Grenzen ihrer Möglichkeit sah. Er erinnerte sich eines Gesprächs mit ihr in der Akademie, schon vor längerer Zeit, wo sie ihm in einem seltenen Anflug von Ernst erklärt hatte:

»Beim Theater habe ich genug gelernt, mehr gebe ich nicht her, berühmt werde ich nicht, da bleibe ich ein Stern zweiter Größe. Nicht dritter oder oder vierter, aber zweiter. Ich schwanke jetzt zwischen Musik und Malerei. Ich glaube, ich nehme zuerst die Malerei vor, man soll sich ans Alphabet halten. Aber passen Sie auf: vielleicht lande ich doch noch in Ihrer Fakultät.« Und schon hatte sie sich ans Klavier gestürzt und einige Passagen glanzvoll heruntergespielt.

Sie war dann tatsächlich Malerin geworden und sie würde sich gewiß auch als solche einen Namen machen. Sie konnte, wenn's drauf ankam, einen verbissenen Arbeitseifer entfalten. Dazu kam die persönliche Eigenart voller Schick und Charme, die all ihrem Tun das Gepräge gab. Wenn sie einen Strauß band, sah er anders aus als gewöhnlich, und ihre Kleider hatten ausschweifenden Schmiß. Den täglichen und allzutäglichen Dingen des Lebens stand sie freilich ziemlich hilflos gegenüber; sicherlich hatte sie keine Ahnung, woher das Brot kam, und eine Flickarbeit verachtete sie abgrundtief.

Ihr Ruf war schlechter als sie, und ihr lag wohl nichts daran, um dem zu wehren, im Gegenteil: es mochte ihr gefallen, als ein bißchen »verrucht« zu gelten. Die Männer sprachen mit Augenzwinkern von ihr, aber seltsamerweise fand sich nie einer, der sich ihrer vollen Gunst hätte rühmen können.

Von den Frauen wurde sie im allgemeinen verabscheut, beneidet, bewundert, weil sie jenes gewisse Etwas hatte, das die Männer unweigerlich anzieht. Sie war sich dieser Macht bewußt und nützte sie bedenkenlos aus. Wer sie freilich genauer kannte – und Hieber gehörte seit einiger Zeit zu ihrem »Kreis« Künstlern und Kunstbeflissenen in der Residenz – der wußte, daß in dieser kapriziösen Frau auch eine feinempfindliche Seele wohnte, wenn auch im Schatten von Wille und Intellekt. »Ich bin mir selber wahnsinnig interessant«, hatte sie neulich bei einem »tollen Abend« auf ihrer Bude geäußert, so gegen vier Uhr morgens. »Ich bin eine leidenschaftliche Katze und zugleich ein sanftes Täubchen, je nachdem der Gott in mir auf den Knopf drückt. Ich wirke unter den Menschen atomzertrümmernd, das freut mich und ich könnte mich hauen dafür. Glaubt bloß nicht, daß ich nicht alles auf dem Christbaum hätte, sprecht mir nicht von Überzüchtung und so, ich bin viel primitiver als ihr glaubt und als ich selber glaube. Ein bißchen verrückt sein hält jung! Hugh! Dixi. Gezeichnet Huldary!« Nun, sie ertrug halt erstaunliche Mengen Alkohol, und dann redete sie noch mehr und noch spritziger als sonst.

Das also war Sybille Huldary, zur Zeit Malerin, nun plötzlich in Burrweilerdorf aufkreuzend wie eine Seeräuberfregatte. Sie kam dem Professor nicht eben gelegen. Sie würde ihn in seiner Arbeit behindern und ihn oft mit Beschlag belegen; sie würde stören, schon weil sie dieses Aufreizende, Lockende an sich hatte. Und sie würde stören, – ja, weil nun das »Problem Alice« plötzlich scharf angeleuchtet wurde ...

Nicht allzuoft war er in der Zwischenzeit mit Alice zusammengekommen, aber es waren immer feine Gespräche mit ihr gewesen, die eine edle Seele und einen wachsamen Geist enthüllten. Er machte die erstaunliche Entdeckung, daß von echter Jungfräulichkeit etwas Mütterliches ausgeht. Das tat ihm unendlich wohl. Er hatte ihr auch einmal allein in der Kirche vorgespielt. Mit Tränen im Auge hatte sie ihm gedankt. »Großmutter hat recht«, sagte sie, indem sie auf deren Lob anspielte.

Hieber hatte sich zu dem Entschluß durchgerungen, der Sache ihren Lauf zu lassen. Er sah die Schönheit eines jungen Leibes von feinstem Ebenmaß, er erkannte die Schönheit einer jungen Seele, von natürlichem Adel, er ahnte die Bereitschaft und Fruchtbarkeit eines unverbildeten Geistes. Liebte er Alice? Er glaubte es manchmal beglückt. Liebte sie ihn? Er glaubte es manchmal, noch glücklicher. Er hatte noch einige Ferienwochen vor sich, er konnte um ihre Liebe werben. Zum Teufel – und jetzt schneite ausgerechnet die Sybill herein! Er glaubte es ihr geradezu, daß sie ihm nachgefahren kam, das sah ihr gleich. Sicher hatte sie zuhause mal wieder Krach gehabt, das

war die Regel, obwohl auch ihr Elternhaus auf Bohème abgestimmt war. Da mochte ihr ins launische Köpfchen gekommen sein, mit einer Luftveränderung den Versuch zu verbinden, ihn ein bißchen »aufzumöbeln«; sie hatte nie einen Hehl daraus gemacht, daß sie ihn gut leiden mochte, und er – nun, man konnte sich nicht leicht dem prickelnden Reiz entziehen, der von diesem seltsamen und hochbegabten Geschöpf ausging.
Solcherlei Gedanken wirbelten dem Professor durch den Kopf, als er nun, mit einigem Herzklopfen, mit Sybill am Zaune stand. »Ich bin übrigens zum Arbeiten hieher gekommen«, sagte sie und zeigte das Lächeln, das sie in ihrer Clique selbst als »Huldary-Lächeln« bezeichnete, weil Mona Lisa neben ihr durchaus verblasse! »Das heißt: ich will die Gegend abpinseln bis nichts mehr dran ist. Auch einen Korb voll Bücher hab' ich mir mitgenommen, Sybills ausgewählte Werke. Ich habe mir vorgenommen, mal den ganzen Strindberg hintereinanderweg zu lesen – wissen Sie, das wäre der rechte Mann für mich gewesen, dem zuliebe hätt' ich sogar Schwedisch gelernt. Und den halben Balzac hab' ich auch mit. Glauben Sie nicht auch: der, wenn mich gekannt hätte, hätte mich bestimmt auch irgendwo verewigt? Und ein paar wilde Satanisten vom fin de siècle hab' ich Vater aus der Bibliothek geklaut – also das gibt einen großartigen Mischmasch à la Sybill in mei-

nem sehr geehrten Hirn. Na, wenn ich dann ganz durchgedreht bin, rezitiere ich mir als Medizin ein paar kuhäugige Verse von Matthias Claudius. Ich hab's mir übrigens überlegt, ob ich nicht zur Sprechkunst übergehen soll; wissen Sie, ich glaube, ich bin die geborene Rezitatorin. Die Leute sind ja verrückt und laufen in die Sprechabende, statt daß sie sich gemütlich ins Bett legen und ihre geliebten Dichter lesen. Jawohl, mein Herr: da läßt sich eine schöne Stange Geld verdienen, ich bin sowieso immer knapp; keine Angst, anpumpen tue ich Sie erst in vierzehn Tagen. – Also, nicht wahr, sprechen hab' ich ja auf der Bühne gelernt, schick anziehn kann ich mich auch – schön: man tritt mit hohepriesterlicher Gebärde aufs Podium, in lang wallendem Gewande und re-zi-tiert Hölderlin, die große Mode, oder Rilke oder sonst was Feierlich-Gestelztes. Oder aber, man dreht die schmissige Tour: in einen Stuhl hingeworfen, Beine übereinander, daß ein bißchen etwas geboten ist für die Zuschauer, und dann losgesprudelt: Wedekind, zehnte Muse, kann auch die elfte sein, Brettl, Überbrettl, Unterbrettl! O, ich seh' schon überall die Riesenplakate: Heute abend Deutschlands Meistersprecherin Sybill Huldary, Eintritt zwei bis fünf Mark. Es wird gebeten, erst am Schluß Beifall zu spenden – das ist nämlich ganz vornehm.«

»Hören Sie auf, hören Sie auf!« wehrte Hieber

lachend ab. So ging das halt bei Sybill Huldary, und man wußte nie so recht, sollte man sich ärgern über ihr »Schlabbermaul«, wie sie selber es nannte, oder lachen über die witzigen und grotesken Purzelbäume ihrer Phantasie. Man kam auch nie so ganz dahinter, was Scherz und Ernst bei ihr war – das Witzige trat oft in ernster Pose auf und der Ernst in zynischer Maske. Dabei konnte man nicht umhin, eine feine Bildung, sicheren Geschmack und schließlich auch eine liebenswerte Kameradschaftlichkeit an ihr zu schätzen. »Wen ich einmal mag, mit dem teile ich das letzte Hemd, und wenn's ein Mann ist!« war ein Spruch von ihr. Selber war sie mit Glücksgütern nicht gesegnet, man glaubte es ihr gerne, daß sie das Geld aristokratisch verachte und sich möglichst rasch von ihm trenne. Sie gab und nahm großzügig.

»Hören Sie, Professor«, sagte sie jetzt und es schien ihr ernst zu sein, »ich habe die feste Absicht, hier tüchtig zu schuften. Man hat mir nämlich von einer Mischung von Grün und Grau erzählt, die's nur in dieser Gegend geben soll – wissen Sie, wann so die Abendsonne über den Wäldern liegt. Das muß mit dem Dunstschleier vom Bodensee her zusammenhängen. Diese Nuance muß ich rauskriegen, das lockt mich, das hat es seit den französischen Impressionisten nicht mehr gegeben. Ich will Renoir übertrumpfen! Und ich verspreche Ihnen sogar, Sie möglichst wenig zu stören. Hören Sie: möglichst wenig! Und wenn Sie mich leid sind, sagen Sie's ruhig, ich ziehe mich dann in meine Farbenschachtel zurück, wobei ich diesmal nicht meine kosmetische Pandorabüchse meine. Oder ich ziehe auf Raub aus bei der Burrweiler Jungmännerwelt; so ein pastorale amoroso müßte doch ganz nett sein zur Abwechslung! Liebe im Schweinestall! Kinodrama in fünf Akten mit Sybill Huldary als Hauptdarstellerin! Ich schwöre Ihnen übrigens: zum Film gehe ich nie, da bleibt doch immer irgendwie ein Schmierenrest zu tragen peinlich. Und damit für heute Gott und den Musen befohlen, Maestro; ich will mal den ersten Spähtrupp in das Nest unternehmen.«

Und weggehuscht war sie.

Hieber glaubte fest daran, daß das Schicksal dem Sterblichen in den großen Entscheidungen freie Hand lasse, er verschloß sich aber auch nicht der Einsicht, daß es dem Menschen Fallen zu stellen liebe, ihn versuche, ihn zu verwirren trachte, gerade wenn er an einem wichtigen Scheideweg angelangt sei. Und er wußte, daß er an einem solchen stehe, seit er Alice Egerer kannte und – liebte. Nun kam die Versuchung in der verführerischen Gestalt von Sybill, dem reinen Gegenspiel von Alice: dem lockenden Weibchen, der »Dame«, der »Intellektuellen« mit dem Reiz des Bohèmehaften, der Künstlerin, die im Grunde aber auch ein netter Kerl war. Gerade in den letzten Wochen vor den Ferien waren sie einander näher gekommen, und, Hand aufs Herz, hatte er nicht schon mal mit dem Gedanken gespielt, ob sich ihrer beiden Geschicke nicht glückhaft vereinigen ließen? Mit ihr leben, das hieß sicher: keine Langeweile (und keine Ruhe?) haben, ständige Anregung (und Aufregung?) und verständnisvolle Mitarbeit in allen künstlerischen Dingen. Und schließlich strömte ein Sinnenreiz von ihr aus, der sein Herz Alarm schlagen ließ. Lebte sie vielleicht auch mehr aus dem Verstande als aus dem Herzen, sie konnte bestimmt einen Mann glücklich machen – wenn man unter Glück kein behagliches Sichräkeln im Winkel verstand, sondern Umtrieb und Kampf, wie es dem Manne ziemt, dem Künstler zumal, wenn er nicht erstarren soll. Und, schlimmstenfalls, hat nicht auch die »Dissonanz« ihre Reize? Kein Zweifel: Sybill war nicht nur wegen ihrer graugrünen Kleckse hierhergekommen; sie wollte ihn stellen. Wie konnte es nur sein, daß er sie fast vergessen hatte?

Nun, da war eben Alice in sein Leben getreten. Das Mädchen, das wahrscheinlich nicht wußte, wer Strindberg war, das aber Kraft einer großen ursprünglichen Natur bezauberte. Es war alles so morgenfrisch und quellklar an ihr, auch ihre Liebe müßte so sein. Würde sie nicht eben ihm, dem oft von seinem Dämon Umgetriebenen, die große Harmonie und Ruhe schenken, den festen Halt im

Leben, dessen der Künstler bedarf? Hatte er übrigens nicht gerade noch das Gegenteil gedacht – der Künstler brauche den Kampf und nicht die Harmonie? Alles war so verwirrt. Nur Alices Bild war klar. Würde es nicht eine wundervolle Aufgabe sein, ihr, wenn sie immer beieinander wären, den Zaubergarten der Kunst ganz zu erschließen? Und war sie, die wohl nicht einmal das Wort Kosmetik kannte, nicht auch schön? Schön wie alles Elementarische?

Hieber lächelte etwas trübe vor sich hin: »Ich bin bald reif zum tragischen Motiv! Der Mann zwischen den zwei Frauen. Etwas abgeklapperter Vorwurf. Kann man gleichzeitig zwei Frauen lieben? Ist der Mann überhaupt polygam veranlagt? Ach, unsinnige Phrase, faule Entschuldigungen für den Schürzenjäger! –

Wie Sybill dagestanden hatte am Zaun: man mußte ein Narr sein oder ein Herz von Stein haben – oder Alice nicht kennen, um sich nicht in sie zu verlieben. Was heißt verlieben? Kann man auf Verliebtheit eine Ehe aufbauen? Verlieben kann man sich oft, aber lieben – vielleicht zwei- oder dreimal im Leben.

Ich werde schon zynisch wie Sybill. Frauen sollten eigentlich nicht zynisch sein, das stößt irgendwie ab. Aber vielleicht verdeckt sie damit nur ihr unruhiges Herz, sie schämt sich, daß sie eins hat...«

Hieber kam sich ziemlich unglücklich vor.

7. Auf der Waage

Wie nicht anders zu erwarten, hatte Sybill Huldarys Auftreten in Burrweiler revolutionierend gewirkt. Man huldigte hier strengen moralischen Grundsätzen, wenigstens offiziell. Ein boshafter Zeitungsschreiber hatte einmal errechnet, daß die Durchschnittszahl der unehelichen Geburten sogar um ein kleines höher liege als in der Umgebung. Was sollte man nun dazu sagen, daß »so eine« von Stuttgart daherkam und im freien Gelände im Luftanzug malte (»mehr Luft als Anzug«, nach Sybills eigenem Bekenntnis). Bollwanger und seine Gesinnungsgenossen empörten sich und benutzten die erste Gelegenheit, um sich dieses Ärgernis gründlich anzuschauen, denn man soll sich ja nur auf Grund genauen Augenscheines ein Urteil bilden ... Die Jungmännerwelt war plötzlich von lebhafter Kunstbegeisterung ergriffen und rückte dem schönen Fräulein sehr nahe auf die Leinwand ... Die Frauen begnügten sich mit Naserümpfen und Gebeten für das Seelenheil ihrer Männer.

Im übrigen war immerhin zu berücksichtigen, daß diese »Lebedame« viel Geld ausstreute. Die Kinder liefen ihr nach, weil sie ihnen immer und überall Bonbons kaufte. Sie kehrte auch ungeniert im Wirtshaus ein und trank ein oder zwei Viertel Wein; beim Bäcker holte sie Schleckwaren, von

denen sie die Hälfte an ihre Wirtsleute verschenkte; der Kaufmann mußte eine besondere Sorte teurer Zigaretten für sie kommen lassen – kurz und gut, die »unabhängige Geschäftswelt« trat jederzeit gegen duckmäuserische Stimmen auf. »Was einer hat, darf er zeigen«, sagte der Metzger Eggle und tätschelte seinen Bauch.
Professor Hieber schlenderte durchs Gelände. Sybill hatte ihn eingeladen, ja dringend aufgefordert, sie auf der Waldwiese in der Gemarkung Sonnenbühl zu besuchen, wo sie ihr Hauptquartier aufgeschlagen hatte. »Wenn ich an jemand hinquatschen kann, der auf mich eingestimmt ist, kriegt mein Pinsel die Inspiration! Im übrigen beglückwünsche ich mich zu Ihrem guten Feriengeschmack, der Sie nach Burrweiler geführt hat und mich hinterher. Es gefällt mir vorläufig großartig in diesem Nest. Ich wäre wahrscheinlich auf Oberstdorf oder Berchtesgaden verfallen und hätte mich blödsinnig gelangweilt. Ich treibe hier schon nebenbei volkswirtschaftliche Studien. Wissen Sie, warum hier die Männer fast alle dieselben Hemden von dieser scheußlichen blauen Farbe tragen? Der hiesige Allerweltskrämer hat mal einen großen Posten davon billig aus einem Konkurs erworben und dann in seinem Laden keine anderen herausgerückt, bis diese aufgebraucht waren. Also, nicht wahr, Sie besuchen mich bald auf meiner Malwiese? Ich habe über-

haupt wenig von Ihnen, stelle ich fest. Die barocke Kirchenmusik hat Sie wohl ganz mit Beschlag belegt, wie? Oder sonstige Abhaltung? Mann, Maestro – ich muß mal mit jemand fachsimpeln; meine Burrweiler finden alles so schön, was ich zusammenschmiere – mich selber übrigens auch. Aber das ist Ihnen natürlich gleichgültig! Sie kommen also, ja? Ich flehe Sie »auf den Knien meiner Seele« an. Aber das ist natürlich eine Lesefrucht aus dem Germanistischen Seminar. Ich glaube, der olle Kleist läßt das seine Penthesilea sagen. Ein schreckliches Frauenzimmer, übrigens. Da ist Sybill Huldary immerhin noch sympathischer, finde ich!«

Er fand sie auf »ihrer« Wiese, ganz hingegeben an ihre Arbeit. Sie begrüßte ihn knapp und malte weiter. Er hatte Muße sie zu betrachten, wie sie so dastand mit ihren paar Fetzchen am Leibe, in der kühnen Unbefangenheit einer griechischen Waldgöttin – offenbar sich kaum bewußt, daß sie fast nackt war. Eben diese Unscham störte ihn etwas, – oder war auch sie nur Maske? Das konnte man bei dieser Frau, die ihren sybillischen Namen zu Recht trug, wahrhaftig nicht wissen.

Mit kecken Strichen hatte sie, in Wasserfarben umrissen, was sich dem Auge bot: ein Vortrupp des Waldes mit einigen charakteristischen moosigen Baumfiguren, die bunte Trachtenschürze der Wiese und den Ausblick auf Mulden und Höhen, die von Feldern, Weiden und Wäldern bedeckt waren. »Ich muß es mal in Öl probieren«, sagte Sybill endlich. »Es ist etwas daran mit dem Grün und Grau, mit dem man mir den Pinsel wässerig gemacht hat! Aber ich bin noch nicht ganz hinter das Geheimnis gekommen, ein letzter Schleier ist noch nicht gefallen – wie bei mir!« schloß sie in einer ihrer grotesken Anwandlungen und lachte spöttisch.

Hieber, der vorhin ein Viertelstündchen mit Alice geplaudert hatte, mißfiel ihre Art heute. Aber er sagte ihr ein paar freundliche Worte ehrlicher Bewunderung für ihre Malkunst.

»Sie haben etwas von dem eingefangen, was mir diese Landschaft so lieb macht, etwas von ihrer herben Anmut, die sich nicht auf Anhieb erschließt, die es aber in sich hat, um mich banal auszudrücken. Ich ziehe das der süßlichen Idyllik oder der aufdringlichen Heroik vor. Diese Landschaft hat eine stille, große Seele.«

»So, und ich sage Ihnen: mir würde sie auf die Dauer doch nicht zusagen. Es ist mir zu wenig von mir selber drin! Sie ist mir zu schlicht, zu seelenvoll.«

Hieber sah sie aufmerksam an. »Ehrlich waren Sie immer, Sybill!«

»Oft, Professor, oft genügt!«

»Schön, also: oft! Aber ich kann Ihnen Ihr Urteil durchaus nachfühlen, Sybill. Sie sind im Grunde

ein Großstadtmensch, Sie suchen in der Natur nur Erholung und Genuß, Sie sind dem Elementarischen entwachsen, das Psychologische hat es überwuchert.«
»Vielen Dank für die scharfsinnige Analyse! Wird übrigens akzeptiert, deshalb gerät mir dies auch nicht, wie ich möchte«, und mit verächtlichem Blick streifte sie das Bild auf der Staffelei. »Im übrigen, mein Herr, scheinen Sie mir auch erst hier Ihr Herz für die Natur entdeckt zu haben.«
»Ich gebe zu: ich habe zu ihr zurückgefunden. Es lag etwas verschüttet in mir. Die Natur – «
»Ach, Sie kleiner Rousseau mit Ihrem »Zurück zur Natur!« Dann wieder mit einem ihrer sprunghaften Einfälle: »Ist das nicht auch Natur?!« fragte sie und trat herausfordernd nahe zu ihm. Ihr Körper gleißte in der Sonne. »Oder« – ein Giftmolch kroch in ihre Augen – »oder gefällt Ihnen Ihre Hausgöttin besser?«
»Hausgöttin?«
»Nein, tun Sie nicht so, Verstellung ist nicht die Stärke der Männer, wir Frauen sind darin viel gerissener. Hausgöttin ist doch ein ganz netter Ausdruck für die schöne ländliche Venus, bei der Sie sich eingemietet haben. Auch Madonna am Heckenrosenschlag schlage ich vor!«
Sie mochte aus Hiebers Gesicht den Unmut ablesen, den ihre Worte in ihm erregten. »Nicht böse sein, Maestro. Sie wissen doch: die Sybill hat ein

loses Maul. Ist auch nur blanke Eifersucht, wenn ich so rede.« Dann ernst, fast traurig werdend: »Das schönste Mädchen in seiner Art, und sie weiß es nicht einmal, das ist das Allerschönste an ihr; ich würde sie am liebsten malen, — aber dazu müßt' ich zwanzig Jahre reifer sein. Sie wissen doch: Kinderbilder sind am schwierigsten. Da muß man selber seine Schlacken abgestoßen haben.«

»Hier, so einen Naturfleck«, sagte sie mit einem Blick auf ihre Staffelei, »krieg' ich zur Not noch hin, aber wenn sich der Naturgeist selbst auf so ein Menschenkind niedergelassen hat...«

»Jetzt haben Sie's glücklich auch mit der Natur!«

»Was geht mich mein dummes Geschwätz von vorhin an! Also Ihre — wie soll ich nun statt Hausgöttin sagen?«

»Sie heißt Alice.«

»Weiß ich längst, Sie Anfänger! Und daß ich sie großartig finde, habe ich Ihnen auch bereits verraten.«

»Alice ist...«

»Ich weiß schon: sie gefällt Ihnen.«

»Warum sollte sie nicht?«

»Machen Sie keine Dummheiten!«

»Wie meinen Sie das?«

»Sie sind hier im Bereich des Barocks, hier haben die Landschaften überall Ausbuchtungen und Schnörkel wie die Kirchen und Klöster, und mit Barockmusik schlagen Sie sich auch herum, — da

liegt die Gefahr nahe, daß Sie Ihr eigenes Leben etwas verbiegen und Ihre Seele an eine barocke Idee hängen. Ja, ich weiß: das ist alles sehr weiblich gedacht und gequatscht, ohne Logik, aber gerade deshalb richtig. Ist mein Kassandraruf deutlich genug?«
In Hieber stieg eine leise Wut auf.
»Wissen Sie, Sybill, Sie können impertinent sein. Was berechtigt Sie eigentlich, sich um mein Seelenheil zu kümmern?«
Das Mädchen trat zurück und sah ihn an: sehr aufmerksam, wie sie eben in den sonnigen Tag hineingeschaut, um ihn in Farbe und Ton zu bannen, und mit einem kleinen, wehmütigen Lächeln um die Mundwinkel. Und plötzlich sah sie aus wie ein gescholtenes, kleinlautes Kind. »Sie sind ihr ja schon verfallen«, sagte sie leise. »Gehen Sie bitte!« Damit wandte sie sich ihrer Staffelei zu und lachte hell auf.
Als Hieber zurückkam, trieb es ihn zu Alice. Er fand sie im Stall beim Melken. Mit kräftigen Bewegungen strich sie die Euter und ließ die Milch in den Eimer zischen. Es roch nach der frischen Streu und nach den Tieren.
»Ich war oben auf dem Sonnenbühl«, erzählte Hieber. Er lehnte sich an die gekalkte Wand und sah dem Mädchen zu, das den mit einem Tuch umwundenen Kopf während der Arbeit leicht auf den Leib des Tieres aufgestützt hielt. Alice sah auf –

mit jener raschen Bewegung, die zu ihr gehörte und die er an ihr liebte. Es war eine impulsive Geste ihres sonst zu Ausgleich und Ruhe neigenden Temperaments.

»Beim Malfräulein waren Sie? Haben Sie sich gut unterhalten?«

»Nein, das habe ich nicht, Alice ... Und daran sind Sie schuld.«

Die Melkende hielt mit ihrer Arbeit inne. »Wie meinen Sie das?«

»Ich kann Ihnen das nicht so leicht erklären. Liebes – haben Sie mitunter an unsern Ausflug gedacht, als wir miteinander Beeren suchten?« In des Mädchens schönen, großen Augen leuchtete es auf. Er sah es auch im Dämmer des Stalls.

»Sehr oft habe ich daran gedacht, Herr Hieber.«

»Und wie wir Hand in Hand standen?«

»Ja.«

»Und dann fragen Sie noch, wieso ich mich nicht gut mit dem Malfräulein unterhalten habe?«

Die Milch fuhr wieder in sirrendem Strahl in den Kübel. Alice schwieg.

Hieber sprach weiter: »Sie kennen unsere Nachbarin?«

»Ich habe ein paarmal mit ihr gesprochen.«

»Und sie gefällt Ihnen nicht?«

Das Mädchen stand auf und versorgte den vollen Eimer. Selbst im Stallgewand geht Hoheit von ihr aus, dachte Hieber. Dann trat sie rasch auf ihn zu und blitzte ihn an: »Ich bin gar nicht so langstielig, wie sie vielleicht glauben! Das Fräulein Sybille ist schön und klug und ein feiner Kerl, daß Sie's nur wissen! Sie würde mir sehr gut gefallen...«

»Würde Ihnen gefallen, aber...«

»Ach, ich möchte es nicht sagen«, erwiderte Sie leise und kehrte sich der nächsten Kuh zu. »Gehen Sie, bitte!«

Er wandte sich zur Tür, sah aber noch, daß ihr die Tränen kamen.

Hieber hatte von der Großmutter Thumm Generalvollmacht erhalten, nach Belieben bei ihr einzukehren. Alice neckte ihn damit, aber man merkte es ihr an, sie war stolz darauf, daß »ihr« Gast so gut eingeschlagen hatte! »Sie können sich etwas einbilden«, sagte sie zu ihm, »Großmutter ist auf ihre alten Tage sehr, sehr wählerisch in ihrem Umgang geworden!«

»Ich empfinde es als Auszeichnung. Ihre Großmutter ist so richtig zum Liebhaben und Verehren!«

Alice sah ihn warm an. »Ich glaube, Sie wissen auch schon, daß mir eine Freude macht, wer mir von der Großmutter schwärmt. Sie ist für mich die feinste Frau der Welt!«

»Ihre Großmutter, liebe Alice!«

Hieber hatte der alten Frau ein Päckchen Kaffee gebracht.

»Ach, damit machen Sie mich weich, Herr Professor!« sagte sie mit einem schelmischen Lächeln. »Aber ich habe es immer gesagt: »Ein Laster muß der Mensch haben, dadurch unterscheidet er sich vom Tier.«

Sie unterhielten sich immer ausgezeichnet. Manchmal, wenn sie Zeit hatte, kam Alice dazu, und die drei Menschen umwob eine Luft der inneren Zusammengehörigkeit. In diesem bescheidenen Stübchen wuchs dem Herzen des Mannes die Freundin immer mehr zu. Wieder und wieder bat Alice ihn um Bücher, und er erlebte das holde Wunder, wie ihre große, reine Seele zu dem ihr Gemäßen fand. Hölderlins Verse ergriffen sie und die Erzählungen Stifters liebte sie innig. Sie sprach über ihre geringen geistigen Erfahrungen offen, gescheit und auf gemütvolle Art; sie bildete sich ihre festen Ansichten und vertrat sie geschickt, ohne die Rolle des Lernenden zu verleugnen. Er erkannte bei diesen schönen Zusammenkünften in der Großmutterstube, daß Herzensbildung und Charme äußeres Wissen mehr als aufwiegen.

»Sie sind in letzter Zeit etwas viel über Ihren Büchern gesessen, Herr Professor!« sagte Frau Thumm zu ihm, als er einmal allein bei ihr saß. »Sie sollten sich noch ein wenig in unserer schönen Gegend umsehen.«

»Das habe ich auch fest vor, Großmutter Thumm. Ich habe läuten hören, daß im Kloster Salem noch alte Musikhandschriften liegen; dem will ich in

nächster Zeit nachgehen und eine schöne Wanderung damit verbinden. Ich möchte gerne die Gelegenheit benützen, übers große Moos zu stiefeln, das ich noch nicht kenne.«
»Tun Sie das, aber passen Sie auf: es gibt da gefährliche Stellen. Da ist z.B. ein überwachsener See, wenn Sie auf den geraten, können Sie bös im Schlick versinken. Und heiß ist's im Ried auch!«
»Vielen Dank, Frau Thumm, ich werd' aufpassen, und dann will ich vom Moor aus über den großen Wald nach Salem hinüber.«
Die Greisin lächelte ihn an: »Beides geht nicht, Herr Professor. Vom Ried führt kein Weg zum Wald, da würde Sie der Morast verschlucken. Sie müssen sich entscheiden: entweder übers Moor oder über den Wald. Nein, beides geht nicht. Man kann nur einen Weg wählen – wie im Leben!«
Alte Leute sprechen gern mit Nutzanwendung, dachte Hieber. Aber sie hat recht. Da ist das geheimnisvolle Moor: schön, aber gefährlich und man kann drin versinken. Und da ist der frische kühle Berg, der Anstieg ist steil, aber es lohnt – item, sagt der Kalendermann, »du mußt dich entscheiden.« – Als er auf sein Zimmer ging, begegnete ihm Alice auf der Treppe. Er konnte nicht an sich halten, er schloß sie einen Augenblick in die Arme und flüsterte: »Entscheiden muß man sich, hörst du? Ach, wie lieb bist du!« Und stürzte davon wie ein Junge.

Alice stand da, von Freude durchbebt, die Knie zitterten ihr, aber das Herz war glücklich.

8. Schlußtänze

»Stör ich?« fragte Sybill Huldary, die sich einige Tage ferngehalten hatte, über den Zaun. Es war schon sehr spät am Abend, nach einem sehr heißen Tag.
Hieber grüßte gemessen.
Sybill war aber schon durch eine Heckenmasche geschlüpft und stand vor ihm. »Sie entschuldigen meine wildromantische, aber allmählich hier eingebürgerte Aufmachung« – sie war wieder in ihrem Luftanzug, gelbe Farbflecke auf dunkelgebräunter Haut –, »aber bei dieser Hitze wollte ich mich nicht mehr ins Besuchskostüm werfen. Vielleicht wollte ich Sie nochmals betören! Aber nein: Sie sind ja wohl schon gefeit gegen städtische Kulturreize? Was sagen Sie übrigens dazu: ich hab's mir überlegt – ich will nun doch zur Tanzerei zurückkehren. Malen ist schön, aber man muß so viel stillhalten dabei. Da geht mein Temperament flöten und das ist mein bestes Teil. Tanzen – lächeln – schreiten – wer sagt das? Ich weiß grad nicht. Notfalls immer Nietzsche; ich werde mit den Beinen philosophieren. Glauben Sie nicht auch, daß ich die Menschheit so berücken kann?«

Schon während ihrer letzten Sätze hatte sie sich in den Hüften gewiegt; jetzt schwebte sie voller Anmut in einen Tanz hinein: zwischen den Bäumen, über denen eben der Mond emporstieg, glitt und wirbelte sie dahin, mit ausdrucksvollen Gesten der Hände und Arme die Figuren begleitend. Man erriet leicht den Sinn dieses Tanzes, der keiner musikalischen Untermalung bedurfte – es war ein Lied von Liebe, die sucht und sich sehnt, die lockt und verführt und entsagt. Eine süße, schmerzliche Wehmut lag zuletzt über des Mädchens Zügen, wie Hieber es nie an ihr gesehen. Es ergriff ihn und er bat ihr im Stillen manches ab. Und er wußte auch – noch vor kurzer Zeit hätte dieser Abend, dieser Tanz, der ein Bekenntnis war, über sein Leben entschieden, denn in diesem Tanz lag alles, was das Mädchen Sybill liebenswert machte. Ihr Körper war bezaubernd; jede Gebärde hatte Seele; schön und heiß und gefährlich war sie – wie das Moor.

Er war erregt näher getreten, aber vor seinen Augen schwebte ein anderes Gesicht: ein Antlitz, das die Leidenschaft schamhaft versteckte. Es wehte ihn frisch und kühl an wie vom Bergwald her.

So genoß er das wunderliche Schauspiel eben als ein Spiel, ohne daß es den innersten Kern seines Wesens mehr berühren konnte.

Einen Herzschlag lang stand Sybill still, dann raste

sie nochmals in einem letzten Aufschwung dahin, wild, entfesselt, bacchantisch. Einen Augenblick nur – dann war sie durch den Zaun ins Dunkel entschlüpft.

Am nächsten Morgen brachte die Magd vom Nebenhof einen Brief Sybilles für Professor Hieber.

»Maestro! Das war meine Abschiedsvorstellung für Sie. Mit diesem Tanz werde ich im Herbst die Saison in München eröffnen – ohne die Schlußgeste, die war nur für Sie, aus alter Anhänglichkeit. Freilich, ich wußte es im voraus und ich sagte es Ihnen ja: Sie sind schon gefeit gewesen. Insofern kämpften wir mit ungleichen Waffen.

Die Koffer sind gepackt, ich reise sehr früh. Es ist wie in den Romanen: wenn die Heldin nach dreihundert Seiten glücklich oder unglücklich werden muß. Es ist alles besser so. Ich bezweifle heftig, ob es gut mit uns gegangen wäre. Ich hätte Sie vielleicht zu einigen Liedern begeistert. Erst in Dur und dann in Moll... aber lohnte das ein Leben?«

»Alice ist wundervoll, wäre ich nicht Sybill, ich möchte Alice sein. Ich habe ihre Bekanntschaft gesucht und gefunden, zuerst aus Eifersucht, dann aus soziologischem Interesse (Sie entsinnen sich gewiß meiner volkswirtschaftlichen Studien) und schließlich aus Zuneigung. Sie haben natürlich nichts davon gemerkt. Wir Weibsen verstehen uns in solchen Dingen sehr rasch, gleichgültig, ob wir

vom Kuhstall oder vom Grafenschloß kommen. Auch bei Oma Thumm war ich öfters, und sie ist eigentlich schuld daran, daß ich still und bescheiden (hört, hört!) zurücktrete. Ich sehe nämlich der Alice an, daß sie in fünfzig Jahren, genauso aussehen wird wie heute ihre Großmutter, und deshalb paßt sie besser zu Ihrem romantischen Gemüt als ich. Alice wird sogar noch schöner sein, weil Sie dann ein Leben lang an ihr herumgeformt haben werden. So etwas wünschen sich ja die Männer, und weil ich ein schlechtes Erziehungsobjekt bin, begnüge ich mich damit, für kurze Zeit als ein barocker Notenkopf in Ihrem Leben herumgewirbelt zu sein. Wenn ich mal so alt bin wie die Thummsche, werde ich aussehen wie ein gotischer Wasserspeier in Gestalt einer Giftkröte, die ich im Grunde bin.
Alice wird auch treu sein. Für mich selber würde ich nicht garantieren, trotz meiner unbescholtenen Jungfräulichkeit (im Ernst und ganz unter uns). Aber wer weiß, wie lange es noch gut geht, und wehe, wenn ich losgelassen!
Im übrigen verdienen Sie Ihr Glück gar nicht, Sie hätten mit mir gestraft werden müssen: für Ihre Passivität, für Ihr Schwanken, für . . . ach, für Ihre Liebe zu der andern! Schulmeistern Sie übrigens nicht allzuviel an ihr herum! Sie braucht nicht zu wissen, wer die »fleurs de mal« geschrieben hat und ob Lima die Hauptstadt von Nicaragua ist

(stimmt das überhaupt? Nette Mädchen sind immer schwach in Geographie!)
Doch nun habe ich genug von der Frau Professor Hieber geschwärmt. Ich unterliege ehrenvoll. Ich wollte keine Krimhild-Brunhild-Tragödie heraufbeschwören; ich bin zu modern veranlagt – Happy-End wird bevorzugt.
Ich lege Ihnen hier noch etwas bei: ein Bildchen von Alice. Ich konnte es doch nicht lassen, sie hat mir's halt angetan. An Ihrer Stelle hätte ich die Sybill überhaupt nicht mehr angeguckt. Aber ihr Männer seid ja Treibholz. Alice weiß es nicht, daß ich sie gezeichnet habe – aus dem Kopf. Es ist mein Hochzeitsgeschenk für Euch. Wiedersehen werden wir uns lange nicht, ich bin mir zu gefährlich für Sie.
Und damit verbleibe ich – nein, nicht »Ihre«, oder doch ja: Ihre Sybill.«
Am Tage darauf war abends »Sichelhenke«: die letzte Garbe auf dem Egererhof war eingefahren worden; Hieber hatte noch tüchtig mitgeholfen, um Alice nahe zu sein. Auch in einigen anderen Höfen hatte man heute die Ernte vollends eingebracht. So fand sich allerlei junges Volk auf der Tenne bei Egerers zusammen, um den Tag fröhlich abzuschließen. Ein paar junge Burschen spielten mit der Ziehharmonika auf, auch der Professor war sich nicht zu gut dafür. Freilich nicht allzuhäufig griff er zum Instrument, denn ihn

drängte es, Brust an Brust mit Alice zu tanzen.
Das Leben lachte, die Zukunft lachte.
»Das Malerfräulein ist abgereist«, flüsterte Hieber.
»Ich weiß, Sybill hat sich heute morgen noch von mir verabschiedet. In aller Frühe; ich ging gerade in den Stall. Wir haben noch Du miteinander gemacht. Man kann ihr nichts abschlagen.«
»Sie war mir gefährlich.«
Alice nickte ernst.
»Ich kann es verstehen. Ich mochte sie gern, obwohl sie ganz anders ist als ich. Ich glaube, wir werden noch gute Freundinnen.«
»Sie hat dich auch gezeichnet, liebes Mädchen – und sie hat dich wundervoll getroffen.«
»O, das müssen Sie mir gleich zeigen!«
»Wie sollst du sagen?«
»Du.«
Großmutter Thumm erschien für ein Viertelstündchen beim jungen Volk, zusammen mit den Eltern Egerer.
Als Alice und Hieber an ihnen vorübertanzten, sagte die Bäuerin zu ihrer Mutter: »Sieh nur die beiden – man könnte gerade meinen –.«
Großmutter Thumm lächelte ihr schönes Greisinnenlächeln, jetzt sah sie ganz jener Aufnahme in dem Buch ähnlich, und schmunzelte: »Du bist sehr spät aufgestanden, Lise! Mein Schwiegerenkel ist mir schon sehr ans Herz gewachsen. Alice soll meinen Schmuck kriegen, wenn sie heiratet. Und auch von

der römischen Zeichnung will ich mich Wilhelm zuliebe trennen!«

In diesem Augenblick – Vater Egerer wollte sich auch noch gerade zu Wort melden – kam das Fräulein von der Post: »Eben ist noch ein Telegramm aus Stuttgart gekommen. An Familie Egerer.« Sie gab es dem Vater. Das junge Paar trat gerade hinzu. Sie öffneten es:

»Herzlichen Glückwunsch allerseits. Besonders liebe Grüße an die beiden Alicen. Vermelde bei dieser Gelegenheit meine Verlobung mit dem bekannten Filmregisseur Herbert Manowski, für dessen Heiratsantrag ich mir einige Wochen Bedenkzeit ausgebeten hatte. Vielleicht lande ich doch noch beim Film. Sybill.«

Die Liebesprobe

Lothar hatte sich von seiner Freundin Petra ein Buch ausgeliehen. Sie hatte es gerühmt, und darum wollte er es auch kennen; er hoffte, daß das vielleicht ein Seitenpfad in das geheimnisvolle Dickicht ihrer verhaltenen Natur sei.
Sie kannten sich nun schon einige Monate, und aus dem Zufall beiläufiger Gespräche und der Begegnung in gemeinsamen musischen Liebhabereien war sachte eine gute Freundschaft gediehen. Lothar freilich dachte an Liebe. Doch Petra wich seinem behutsamen Werben mit einer Scheu aus, die ihm ablehnender und weher tuend erschien als wenn sie es sich mit direkten Worten verbeten hätte. Er war sehr unglücklich darüber, denn tief hatte sich bereits die Neigung zu dem schönen Mädchen in ihm eingewurzelt.
Lothar wußte es sich nicht recht zu erklären, warum sie so zurückhaltend war. Denn er hatte

andererseits schon öfters beglückend erfahren dürfen, daß ihm ihre Sympathie gehörte. Sie hatte es wohl auch geduldet, wenn er ihr einmal zärtlich über die Hand strich oder ihr aus einem Buch ein Gedicht vorlas, dessen Leidenschaft seine eigenen Gefühle verdolmetschen sollte. Dann verstand sie es – mit frauenhafter Schläue, wie er meinte – sich mit ihm sehr klug über solche Verse zu unterhalten, ohne den von ihm gemeinten geheimen Sinn zu berühren.

Nun hatte er sich also jenes Buch von ihr ausgebeten, das ihr so gefallen hatte. Wollte sie ihm damit einen Wink geben? Er fand jedoch darin, obwohl von Liebe die Rede war, keinen rechten Bezug. Aber er entdeckte Wichtigeres. Einen Zettel von Petras Hand, offensichtlich der Entwurf zu einem Brief, denn mehrere Stellen waren durchgestrichen, und etliche Kritzeleien waren am Rande, wie man sie wohl in einer Pause schwieriger Überlegungen hinmalt. »Ich habe es reiflich bedacht, lieber Kilian, doch meine Entscheidung ist unwiderruflich: wir können uns nicht fürs Leben verbinden, wie du willst. Es tut mir weh, mich von dir zu trennen, aber glaub's: es muß sein. Wir wollen ohne Groll voneinander scheiden und gute Erinnerungen an schöne gemeinsame Stunden mitnehmen.« Nun glaubte Lothar also zu wissen, daß es dieser schmerzliche Abschied von einer Liebe war, der Petras Wesen überschattete: daß sie noch nicht die Kraft fand, sich neuen Gestirnen anzuvertrauen. Er war auch in Herzensdingen nicht so unerfahren, um sich durch seine Entdeckung entmutigen zu lassen. Petra hatte einen anderen geliebt? Ach, er wußte sich auch selbst nicht frei von der Erinnerung an Abenteuer mit anderen Frauen, ehe er Petra gekannt. Wie durfte er ihr zürnen? Er ehrte ihre Gefühle und verstand ihre scheue Zurückhaltung. Nein, es war ihm gar nicht unlieb, daß er durch den Zettel, der ihm ungewollt in die Hand gefallen, klarere Sicht gewonnen hatte. doch er schwankte, ob er Petra den Fund bekennen oder verheimlichen sollte. War es eigentlich nicht ein Gebot des Anstands, freimütig zu sagen, daß er ihn gelesen hatte? Aber vielleicht wäre ihr ein solches Geständnis nur peinlich oder es gefährdete gar ihre Freundschaft, die ihm noch immer und jetzt erst recht die Verheißung der Liebe in sich zu tragen schien?

Er schwieg. In seinem Betragen zu dem geliebten Mädchen war künftig noch behutsamere Zartheit, und er dämpfte sein Begehren. Es ging noch längere Zeit so hin, doch es kam der Tag, da Petra sich ihm zu eigen gab.

Sie waren schon ein Jahr verheiratet, als Lothar in einer guten Stunde, mit ein bißchen Herzklopfen, von jenem Zettel sprach. Petra lächelte: »Ich habe ihn damals absichtlich in das Buch gelegt. Du solltest verstehen, daß ich eine Wunde vernarben lassen mußte, und ich wollte vor allem erproben, ob deine Liebe stark genug war. Wenn du dich zurückgezogen hättest, ich hätt's dir nicht übelnehmen dürfen, aber es hätte mein Leben zerstört, denn ich liebte dich bereits mit aller Kraft meiner Seele. Und ich schämte mich vor mir selber, daß ich Kilian weggeschickt hatte — nachdem nämlich du in mein Leben getreten warst. Es ist nicht so einfach mit der Liebe.«

»O ja!« sagte Lothar und schloß seine Frau innig in die Arme.

In der Torfhütte

Die Loni Bergenreuter hat heute den ganzen Morgen Torf umgesetzt im Ried. Weit draußen, am »siebten Berg«, eine gute Strecke vom Hof weg. Viele Stunden lang hat sie sich über die Torfhaufen gebeugt, ein paar Tausend Stück hat sie in der Hand gehabt, jedes einzelne mußte umgedreht und anders gelegt werden, damit es gut trockne.
Da weiß man, was man geschafft hat. Der Bruder hatte mitkommen und helfen wollen; aber der Bleß kam es plötzlich in den Sinn, an diesem Morgen zu kalben, da mußte der Anton im Stall bleiben. Loni nahm sich was zu essen mit, denn bei dem weiten Weg lohnte es nicht, mittags nach Hause zu gehen. Sie hat sich das Mitgebrachte schmecken lassen, nun will sie etwas ausruhen, ehe sie wieder an die Arbeit geht.
Wie schön ist's doch, so ausgestreckt dazuliegen!

Ein kleiner Luftzug dringt durch die Ritzen der alten Hütte und säuselt einem wohlig über die bloßen Glieder.

Morgen muß sie nochmals Torf umsetzen, aber da wird der Anton helfen und die Arbeit wird kurzweiliger sein. Und dann ist Sonntag, da kann man eine Stunde länger schlafen und geht nachmittags heimgarten, trifft die und jene Gespielin, den und jenen Burschen. Die Mannsleute sind allmählich hinter ihr her, sie merkt es, und sie weiß auch, daß man sich nicht versieht an ihr. Sie ist zwanzig Jahre alt, rank und gesund, schaffig, und sie kriegt auch einen netten Batzen mit. Allzulange wird's schon nicht mehr dauern und sie werkt im Eigenen. Sie freut sich darauf. Sie wird ihr Sach fleißig umtreiben, sie wird Kinder haben. Wie schön wird das sein. Sie wüßte auch, wo sie am liebsten hinginge. Aber der Heimberger Josef hat scheint's keine Augen im Kopf! Oder ist er schüchtern und traut sich nicht zu fragen? Ein bißchen Einspänner ist er ja, aber so einer ist ihr lieber als die Schwätzer und Süßholzraspler. Merkt er denn nicht, daß sie ihn leiden mag? Sie kann ihm doch nicht nachlaufen, dem dummen Kerl, dem lieben. O je – wenn er sie jetzt so sähe . . .!

Indes sie an diesem netten Faden spinnt, sind ihr die Augen zugefallen. –

Der Bauernsohn Josef Heimberger hatte in der Stadt zu tun gehabt. Auf dem Heimweg war er mit dem Rad in einen Nagel gefahren und hatte es bei einem Bekannten im nächsten Dorf untergestellt, da der Schaden nicht sogleich behoben werden konnte. So mußte er den Weg eben vollends unter die Füße nehmen und wählte die Abkürzung über's Ried, da konnte er in einer guten Stunde zuhause sein.

Da war er auch schon am »siebten Berg«. Eigentlich könnte er etwas ausruhen, bevor er es vollends packte. Er hatte zu Mittag ja daheim sein wollen, jetzt war er müde und ein Viertelstündchen Rast würde gut tun. Dort in der Hütte vom Nachbar Bergenreuter könnte er wohl ein Weilchen verschnaufen.

Schade, daß die Loni nicht da war. Wenn er sie jetzt so allein träfe, würde er sich vielleicht auch getrauen sie etwas zu fragen. Mit dem Vater und der Mutter hatte er schon einmal andeutungsweise gesprochen, die sähen die Loni gern auf dem Heimberger Hof. Er würde nicht mehr lange zögern dürfen, sonst schnappte sie ihm womöglich ein anderer weg, so ein nettes und tüchtiges Mädchen. Ob sie überhaupt wußte, daß – daß er sie liebte. Selbst in Gedanken ging ihm das großartige Wort schwer von der Zunge!

War er auch kein Duckmäuser, so fiel ihm doch der Umgang mit den Mädchen beim Heimgarten oder im Tanzsaal nicht so ganz leicht. Er hing sehr an seiner Mutter, und die scheue Verehrung, die er für sie empfand, übertrug er unwillkürlich auf das ganze Geschlecht. Ein wenig beneidete er ja die Kameraden, die den Frauensleuten so nette Sachen sagen oder gar antun konnten. Er wäre schon zufrieden gewesen, hätte er es endlich einmal übers Herz gebracht, die Loni Bergenreuter keckweg zu fragen, ob sie ihn eigentlich auch ein bißchen gern habe und ob sie es mit ihm wagen wolle. Warum war er nur so schwerfällig?

In solchen Gedanken schritt er auf die Torfhütte zu.

Als er die Schwelle überschreiten wollte, prallte er zurück. Das Blut schoß ihm in den Kopf, ein paar Herzschläge lang stand er wie angewurzelt, dann entfernte er sich mit vorsichtigen schnellen Schritten. Ohne sich noch einmal umzusehen, lief er verstört dem Dorfe zu.

Am nächsten Sonntag fragte der Josef die Loni, ob sie die Seine werden wolle. Sie sei es schon, antwortete sie mit einem unergründlichen Augenblitzen und wurde über und über rot; sie schien noch verlegener als er selbst, was ihn etwas verwunderte.

Die Ehe der beiden war gesegnet; es hätte nicht besser gehen können. Und es hat etliche Jahre gedauert, bis Josef seiner Frau einmal gestand, wie er sie damals in der Torfhütte schlafend gesehen und sich daraufhin endlich ein Herz gefaßt habe, sie um ihr Jawort zu bitten. Denn schließlich: wenn man

eine Frau »so« gesehen hat, muß man sie auch heiraten, das gehöre sich. »Und weißt«, fügte er schalkhaft hinzu und schloß sie in die Arme, »weißt, gefallen hast mir halt auch arg – vorher schon und dann erst recht!« Und sie wurden wahrhaftig beide rot über diesen kecken Scherz.
Und noch mehr Jahre hat's gedauert, bis Loni einmal damit herausrückte: sie sei damals durch das Geräusch seiner Schritte aufgewacht, habe durch eine Ritze gelugt und ihn auf die Tür zukommen sehen; da habe sie in ihrer Angst und Scham nicht mehr anders gekonnt als sich weiterhin schlafend stellen. »Ich hätte mich sonst ja zu Tode geschämt«, schloß sie ihre Beichte. »Und weißt: das einzige, das mich dabei beruhigte, war, daß gerade du es warst, den ich immer schon lieb hatte.«
Sie waren nicht mehr in dem Alter, wo man über solche Bekenntnisse errötet. Aber sie lächelten sich dankbar und glücklich an.

Die Dreiweiber-Mühle

Der alte Buschmüller Aichelin war ein humoriger Mann gewesen, sonst hätte er seine drei Töchter – Söhne waren ihm versagt – nicht auf die Namen Apollonia, Monika und Antonia taufen lassen, denn in der landesüblichen Verkürzung ergab das die Rufnamen Loni, Moni und Toni. Und solch ein neckischer Dreiklang kam dem Geschäftsruf der Buschmühle zugut, da hatte der schlaue Müller ganz richtig spekuliert. Ja, als der Anton Aichelin ziemlich früh gestorben war, und seine Mühle den drei Töchtern hinterlassen hatte, da kam sogar der alte Name Buschmühle allmählich ab und man sprach nur noch von der Dreiweiber-Mühle – und ihre Geschäfte gingen flott!

Schon dieser Name deutet an, daß die drei Mädchen, sie waren alle so um die dreißig herum, noch als Junggesellinnen auf ihrer Mühle hausten – und sie boten deshalb nicht wenig Gesprächsstoff.

Sie stellten alle drei etwas vor, jede in ihrer Art, und hatten das Herz und was sonst zu einem handfesten Frauenzimmer gehört, auf dem rechten Fleck. Zimperlichkeit konnte man ihnen auch nicht nachsagen; wenn noch keine unter der Haube war, so lag es nicht an den Männern, die heftige Kreise um sie zogen, sondern an ihnen selbst.
Nicht nur ihre Namen nämlich schwangen in schwesterlichem Gleichklang, sondern auch ihre Herzen. Nur durch je ein Lebensjahr getrennt, früh mutterlos, hatten sie sich von Kindheit an eng aneinander geschmiegt als wie zu einem dreieinigen Wesen, sie liebten sich zärtlich und konnten es ohne einander nicht aushalten. Aber diese Liebe hatte auch eine merkwürdige Art von Eifersucht im Gefolge, die dem andern kein Eigenleben gönnen mochte. So kam es, daß männliche Annäherungsversuche, naturgemäß jeweils auf eine der Schwestern gerichtet, den Liebeshaß der zwei andern erregten und zu schmerzlichen Auftritten führten, bis sich die »Betroffene«, auch um den Preis eines mehr oder minder großen Herzwehs, wieder von ihrem Bewerber in den Schoß der schwesterlichen Eintracht zurückzog. Das alles war keine gewöhnliche Mißgunst (denn sie übertrafen sich in anderen Dingen an Beweisen der Zuneigung und Selbstlosigkeit), sondern nichts anderes als die Furcht, sozusagen einen Teil des eigenen Ichs zu verlieren.

Die Schwestern hatten ihren Arbeitsbereich aufgeteilt: die eine übernahm die Führung des Haushalts, die andere die zum Mühlenanwesen gehörige Landwirtschaft, und die dritte die Müllerei, das heißt soweit es die kaufmännische Seite betraf. Natürlich aber brauchten sie für den eigentlichen Mühlenbetrieb einen Mann, einen Müllergesellen — und es fehlte nie an Bewerbern für diesen Posten, der nicht nur ständigen Umgang mit drei hübschen und munteren Mädchen, sondern vielleicht zum guten Ende gar eine vorteilhafte Einheirat in Aussicht zu stellen schien.

Daß dieser Fall bisher noch nicht eingetreten war, lag eben an dieser seltsamen Dreieinigkeit der Schwestern; mit ihr hing es wohl auch zusammen, daß die Müller auf der Dreiweibermühle ziemlich häufig wechselten. Loni-Moni-Toni hatten sich übrigens auch dahin geeinigt, möglichst nur ältere Jahrgänge einzustellen, um Konflikten von vornherein aus dem Weg zu gehen.

Aber immer ließ sich das halt nicht einrichten. Als es eines Tages wieder einmal so weit war, daß ein enttäuschter Müller gekündigt hatte, da war trotz eifrigem Suchen als Nachfolger kein graukopfiger Geselle aufzutreiben, sondern nur der in den besten Jahren stehende stattliche Josef Seitz.

In diesem Jahr hatte Loni, die Älteste, die Müllerei, und es dauerte gar nicht lange, da begann das alte Lied. Der Müllerbursche Josef fühlte sich heftig zu seiner schönen Meisterin hingezogen. Und nun geschah's, daß Loni sich diesmal dem eigenen heißen Herzenstrieb ergab und sich mit allem Drum und Dran in den Müllerburschen Josef verliebte. Dem Grollen, Weinen und Zetern der alsbald erregten Schwestern setzte sie einen bisher unter den dreien nicht gekannten Widerstand entgegen.

Nun war es ja nicht an dem, daß die drei Buschmüllerinnen tauben Herzens gewesen wären, nur hatte bis jetzt noch immer die aus übergroßer Liebe zueinander geborene Eifersucht den natürlichen Verlauf der Dinge hintangehalten; sie hatten noch nicht erfahren, daß jene andere Liebe, die der Geschlechter nämlich, wenn sie wirklich den Menschen ganz und gar erfüllt, sogar die zärtlichste Liebe zum eigenen Blut an die Seite drückt. Der Josef aber, der nicht nur stramme Muskeln zum Mehlsackheben, sondern auch einen wendigen Geist und eine angenehme Art hatte — der Josef hatte es im Grunde allen dreien angetan, und dieser gleichgerichtete Geschmack zeugte ja auch wieder für die innige Zusammengehörigkeit der drei Schwestern. Wo Loni erlag, da waren auch Moni und Toni schwach, und wenn die beiden besonders heftig die Neigung der Schwester bekämpften, so war diesmal eben echte Eifersucht mit im Spiel. Deshalb wurde auch nicht wie sonst in solchen Fällen der dringliche Rat erteilt, den

Kerl, der den Frieden gestört, aus dem Haus zu werfen. Nein: sie sahen ihn selber zu gern, den Josef, der unter dem Mehlstaub so hübsch und keck aussah, wenn er sich in Hemdsärmeln über die halbe Tür am Eingang zur Mühle herauslehnte und unternehmungslustig in die Welt guckte.

Nun hatte der Josef aber auch in diesen Dingen einen hellen Kopf und ein weites Herz dazu, und merkte bald, wie der Hase lief. Er handelte darnach.

Eines Tages, als die drei Schwestern wieder einmal auf das Thema zu sprechen kamen, überraschte Moni die andern damit, daß sie sozusagen ihren bisherigen Einspruch zurückzog: »Wir sollten bedenken, daß es schade wäre, würden wir alte Jungfern. Gönnen wir's doch der Loni.« Loni schaute etwas mißtrauisch drein. »Moni, du bist vernünftig«, sagte sie aber doch.

Toni war diesmal noch unvernünftig. Sie wetterte und weinte, aber gegen zweie kam sie natürlich nicht mehr an. Doch beim nächsten Disput war auch Toni, die »Kleine«, wie sie als Jüngste genannt wurde, damit einverstanden, daß der Josef Seitz in Gottes Namen dableiben und später Buschmüller werden solle.

Das war eine köstliche Zeit! Der Josef kannte bestimmt nicht den berühmten Grundsatz des alten römischen Staatsmannes »Teile und herrsche!«

aber er wandte ihn bewußt an und verteilte seine Zärtlichkeiten offen sehr geschickt, geheim und gleichmäßig! Sie gediehen alle drei – nein: alle vier recht gut dabei ...

Und wie so die drei Mädchen einmal richtig aufgeweckt waren, nahm alles seinen natürlichen Verlauf. Loni heiratete bald ihren Josef – aber sie hatte dafür gesorgt, daß es vorher noch etlichen Auftrieb auf der Dreiweibermühle gab: abendliche Kurzweil mit Burschen aus dem Dorf, und auch der Josef brachte Kameraden mit, und an manchen Sonntagen saß eine fröhliche Gesellschaft bei Umtrunk und Tanz zusammen. So blieb es denn auch nicht aus, daß Moni und Toni, während Josef sich schlau zurückzog, sich bald in leidenschaftliche Verhältnisse verstrickt sahen und an Lonis Hochzeit Verlobung feierten. Loni brauchte sich also nicht mehr zu sorgen, weil Josef ihr einmal schmunzelnd erklärt hatte: »Ihr Müllersmädchen seid so nett – am liebsten würde ich euch alle drei heiraten!«

Und so geht unsere Geschichte aus wie ein freundliches Märchen. Josef lebte friedlich mit seiner Loni, Moni und Toni desgleichen mit ihren Männern, und die drei Schwestern blieben sich weiterhin in alter Liebe zugetan.

Die Dreiweibermühle aber heißt nun wieder wie früher Buschmühle.

Eine verzwickte Geschichte

»Frauen sind nun mal so«, erklärte Arthur Weißbach, Prokurist bei Schnittgen & Co., an seinem Stammtisch mit großer Geste, »und man muß sie entsprechend behandeln. Psychologisches Fingerspitzengefühl, meine Herrn! Frauen werden z.B. immer das tun, was man ihnen ausdrücklich verbietet, das ist seit Evas Apfelbiß so – Prosit!«
Herr Arthur fand seine Frau noch wach, als er nach Hause kam.
»Was Neues?« fragte sie.
Ihr Mann zögerte merkbar, dann sagte er: »Ich wüßte schon etwas Neues – aber ob du schweigen kannst?«
Frau Eleonore schwor, sie könne.
»Nun denn«, vertraute Arthur ihr an, »denk nur: ich habe vorhin beim Heimweg auf einer verschwiegenen Bank im Stadtpark Suse Schnittgen, die Tochter meines Chefs, in inniger Umarmung

mit Emil Spitzbein entdeckt – weißt du: von der Spitzbein GmbH. Wenn das mein guter Herr Schnittgen ahnte, hahaha – wo er doch den alten Spitzbein nicht ausstehen kann. Schärfste Geschäftskonkurrenz, du verstehst! Aber schweig um Himmelswillen gegen jedermann, – hast du nicht morgen dein Kaffeekränzchen, zu dem auch allemal Mama Schnittgen kommt?«
»Jawohl, allerdings. Aber sei beruhigt: ich werde kein Sterbenswörtchen verraten. Das ist ja hochinteressant – wenn Schnittgens und Spitzbeins zusammenkämen...«
»Wird der Chef nie zugeben! Eigentlich müßte ich ihn ja warnen, aber ich mische mich nicht gern in Privatsachen. Also nochmals: schweig!«
»Du kannst dich ganz auf mich verlassen, Lieber. Gute Nacht!«
Sie wird es natürlich morgen der Frau des Chefs unter dem Siegel der Verschwiegenheit erzählen, dachte Arthur im Einschlummern, gerade das, was ich will! Der Alte wird es mir danken. Wenn er es dann über seine Frau erfährt, kann er rechtzeitig seine Suse abbremsen, wo er doch spinnefeind mit Spitzbeins ist. Ich selber möchte es ihm nicht gern sagen, das erschiene irgendwie taktlos – Denunziation und so... Nur gut, daß die Frauen von Natur geschwätzig sind und grundsätzlich das Verbotene tun. Lehr' mich einer die Frauen kennen...!

Eine Woche später wurde Arthur zum Chef bestellt. Er merkte gleich, daß dicke Luft war.
»Hören Sie mal, Herr Weißbach«, setzte auch gleich das Donnerwetter ein, »von Ihnen hätte ich nun wirklich erwartet, daß Sie die Belange unserer Firma und — hm, meiner Person, besser wahrnehmen würden!«
»Aber wieso, Herr Schnittgen . . .?«
»Wieso, wieso?! Meine Tochter Suse will den jungen Spitzbein heiraten — ich bitte sie: ausgerechnet den Spitzbein! Meine Frau ist natürlich dafür, Frauen halten ja immer zusammen!«
»Aber was sollte ich dabei . . .?«
»Mich rechtzeitig unterrichten hätten Sie sollen! Suse hat eingestanden, sie sei neulich von Ihnen gesehen worden, als sie mit ihrem Emil herumschäkerte — abends im Stadtpark, wie die kleinen Mädchen, Himmeldonnerwetter! Warum haben Sie mir das nicht sofort gemeldet, damals wäre noch Zeit gewesen . . .«
»Aber ich habe doch meine Frau — Ihre Frau . . .«
»Was haben denn die Frauen damit zu tun?! Mich, mich hätten Sie aufklären müssen!«
»Ich wollte nicht so direkt — ich wollte diskret . . .«
»Es gibt eine Grenze der Diskretion, Herr! Mannesmut, Herr Weißbach! Und Wahrung der Geschäftsinteressen! Dieser Spitzbein, dieser Filou! Und Sie hätten es in der Hand gehabt — ich bin sehr enttäuscht. Guten Morgen!«

»Wie war eigentlich dein Kaffekränzchen neulich, Eleonore?«
»Oh, reizend wie immer, Arthur.«
»Und die Chefin war auch da?« – »Jawohl.«
»Und die Sache mit Suse Schnittgen . . .?«
»Kein Wörtchen ließ ich verlauten. Ich hatte es dir doch fest versprochen. Ist das nicht lieb von mir, Männchen?!«
»Freunde«, sprach Arthur abends am Stammtisch, »Frauen sind unberechenbar, das ist das einzig Berechenbare an ihnen, übrigens gut gesagt, nicht wahr? Das muß man immer bedenken im Umgang mit ihnen. Mitunter spotten sie all unserer männlichen Logik und Psychologie. Sphinxe sind sie wahrhaftig, Sphinxe . . . Prosit!«
Suse Schnittgen besuchte Frau Eleonore.
»Ich möchte Ihnen doch auch noch persönlich danken, Frau Weißbach«, sagte sie, »daß Sie meine Mutter neulich gleich so freundlich unterrichteten. Ich selber hätte es nicht gewagt, wo der Vater doch mit meinem Emil – ach, Sie wissen schon! Aber so kam der Stein ins Rollen. Ich hatte damals ja so Angst, Ihr Mann würde gleich zu meinem Vater laufen – man unterschätzt die Männer manchmal doch, gelt –. Einen Gruß an ihn, und er sei wirklich ein Kavalier. Nachdem ich mich dann mit Mutter ausgesprochen hatte, hat sie alles schön in Ordnung gebracht und Vater – gebändigt! Nächsten Sonntag ist Verlobung.

»Frauen müssen eben immer zusammenhalten, liebes Fräulein Suse«, lächelte Frau Eleonore, »dann sind die Männer machtlos, auch wenn sie dicke Töne reden oder feine Fäden spinnen. Recht herzlichen Glückwunsch, Fräulein Suse!«

Gerüchte im Städtchen

Die Stadt Oberneuhausen (9423 Einwohner; malerische Lage, Amtsgericht; Freibad; Senf- und Maschinenfabriken) hat sich in den letzten Jahren gut herausgemacht. Ein tüchtiger Bürgermeister hat es verstanden, Industrie heranzuziehen; die Gewerbesteuer gestattet »großzügige Neuerungen«.
Im Vertrauen auf eine weitere gedeihliche Entwicklung hat Alois Grubler, der Wirt »Zum goldenen Bären«, sein Lokal neuerdings ausgebaut und mit »modernem Komfort« ausgestattet; der Gasthof hat sich in ein Hotel verwandelt, bei entsprechend angehobenen Preisen. Am Abend bedient ein Kellner im Frack. Die Fremdenzimmer sind mit neuen Möbeln ausgerüstet, und der Gast erhält zwei Handtücher.
Es hat sich in der Gegend herumgesprochen, daß man im »Goldenen Bären« von Oberneuhausen

gut bedient wird. Oft parken auswärtige Wagen vor dem Hotel. Der Umsatz steigt, Wirt Grubler lächelt zufrieden.

Eines Abends, gegen 10 Uhr, betritt ein Herr mit schlichter Aktenmappe den Vorraum des Hotels, der als »Empfang« bezeichnet ist. Als niemand erscheint, räuspert sich der Herr, worauf Alois Grubler aus der Gaststube auftaucht.

»Oh – schön guten Abend, Herr Bürgermeister!« sagt er, und die Verwunderung glotzt ihm aus allen Knopflöchern!

»Guten Abend, Herr Grubler«, erwidert der Herr Bürgermeister den Gruß. »Kann ich wohl ein Zimmer für heute nacht haben?«

Grubler guckt leicht verwirrt drein: »Sie möchten – ein Zimmer haben – zum Übernachten?«

»Ganz richtig, Herr Grubler, ich sagte es ja.« Die Stimme des als energisch bekannten Oberneuhausener Bürgermeisters klingt leicht gereizt.

»Aber natürlich, Herr Bürgermeister – ist mir eine Ehre – Zimmer 24 ist frei – sehr ruhig, im zweiten Stock!«

»Ist gut, also Zimmer 24!«

»Darf ich Sie noch um Ausfüllung des Anmeldeformulars bitten – Vorschrift des Bürgermeisteramts!« Man kennt den Bärenwirt als einen Mann von hinterhältig-trockenem Humor...

Während der Bürgermeister seine Personalien einträgt, klingelt Grubler. Ein Zimmermädchen

erscheint. Es knixt erstaunt und sagt: »Guten Abend, Herr Bürgermeister!«
»Guten Abend, Fräulein – Rosa, nicht wahr? Tochter des Amtsdieners Meyer, stimmt's?«
»Jawohl, Herr Bürgermeister.« In Oberneuhausen kennt noch jeder jeden.
Der Wirt schaltet sich ein. »Führen Sie den Herrn Bürgermeister auf Zimmer 24, Rosa!«
Das nette kleine Fräulein guckt etwas betreten drein. »Der Herr Bürgermeister übernachtet hier?« stammelt es.
»Ja, er übernachtet hier, Fräulein Rosa!« Lächelnd sagt es der seltsame Gast. »Zeigen Sie mir jetzt also mein Zimmer, bitte! Ich bin müde, ich möchte gleich hinaufgehen.«
Am nächsten Tag schwirrten tolle Gerüchte durch die Stadt. Natürlich hatte der Bärenwirt noch am Abend zuvor an den Stammtischen in seinem Lokal ausgeplaudert, welch illustren Gast sein Etablissement beherberge.
»Der Herr Bürgermeister hat im Goldenen Bären übernachtet!« so raunte, wisperte, tuschelte man in der Stadt herum.
Unter den Frauen flüsterte man sich zu: »Bestimmt läßt er sich scheiden! Bei Nacht und Nebel geht er ins Hotel! Na, man hat es ja immer schon geahnt!« – Die Männer urteilen nüchterner: »Er wird zu Hause Krach gehabt haben. Kommt in den besten Familien vor!« – »Hat wohl einfach mal

seine Ruhe haben wollen, er ist überarbeitet!« – »Flucht vor sich selber!« – »Ein Spleen!«
Nun: der Herr Bürgermeister saß am Morgen zur gewohnten Zeit im Büro und regierte seine Stadt; man konnte sich davon überzeugen. Nicht einmal etwas anzumerken war ihm von seinem nächtlichen Abenteuer. Was für ein beherrschter Mann! Nach einer Woche verebbte die Flut der Tuscheleien. Es gab inzwischen neue Objekte der öffentlichen Flüstergespräche.
An einem Stammtisch, dem auch der Bürgermeister angehörte, eben im Goldenen Bären, wagte es endlich jemand, ihn auf jene geheimnisvolle Sache hin anzusprechen, wo doch in der Stadt soviel herumerzählt worden sei!
Der Bürgermeister mimte heftiges Erstaunen und antwortete kühl: »Da war gar nichts Besonderes dabei. Erstens überzeuge ich mich immer gern persönlich vom Fortschritt in unserer Stadt, wozu ich auch den Ausbau des »Goldenen Bären« rechne; zweitens hatten wir an dem Tag zu Hause eine Invasion von Verwandtenbesuchen, denen ich entrinnen wollte, zumal unsere Betten nicht ausreichten, und drittens war ich schrecklich müde und wollte einmal früh schlafen gehen. Wer will es mir als Oberneuhausener Bürger verwehren, Nachthemd und Zahnbürste in eine Mappe zu packen und in einem guten Hotel zu übernachten?! Prosit, meine Herren!«

Unschuld vom Lande

Noch nie hatte Otto ein so entzückendes Mädchen gesehen wie in diesem Urlaub, den er in dem abgelegenen Gebirgsnest Hinterwang verbrachte. Es schien eine Einheimische zu sein, sie sah nicht nach Kurgast aus. Er hatte auch schon beobachtet, wie sie allemal von ihren Gängen durchs Dorf in einem schlichten Bauernhaus verschwand; dort wohnte sie wohl.
Otto hatte ein romantisches Gemüt. Er hätte ja unschwer erkunden können, wer die Schöne war, aber er wollte absichtlich nicht mit plumpen Fragen den Zauber um sie brechen. Er freute sich ganz einfach an diesem prachtvollen Geschöpf und schaute ihm schwärmerisch nach, wenn es, in der kleidsamen Tracht seiner Heimat über die Straße schritt. Das Mädchen mochte Mitte der zwanziger Jahre sein, aber seine Züge waren so rein und kindlich, die Gestalt so zart, daß Otto

nicht zögerte, es bei sich mit poetischem Schwung eine »taufrische Rose« zu nennen. Und leise nagte schon eine kleine Sehnsucht in ihm ...
Das Glück war ihm günstig. Eines Tages erblickte er die Schöne wahrhaftig an »seinem« Badeplatz, den er ganz abseits, an einem verwunschenen kleinen Waldsee entdeckt hatte. Sie schwamm gerade ans Ufer, als er aus dem Schilfgebüsch hinzutrat. Sie sah in den paar Fetzen des Badeanzügchens vollends betörend aus!
Otto, der zartfühlende, wollte sich wieder zurückziehen, aber das Mädchen rief unbefangen: »Bleiben Sie ruhig da!« Und war auch schon in ihren dickflauschigen Bademantel geschlüpft.
Sie kamen ins Gespräch, und Ottos bisher sozusagen anonyme Begeisterung stieg zusehends. Nein, daß es so etwas Zartes, Liebliches gab wie Sabine.
»Sie müssen entschuldigen, Fräulein Sabine«, sagte er, »daß ich Sie vorhin erschreckt habe, aber ich dachte wirklich, der nette Badeplatz sei nur mir bekannt.«
»Ich bin gar nicht erschrocken«, erwiderte Sabinchen, »ich kenne Sie ja!« Sie sagte es wieder mit der jungmädchenhaften Naivität, die ihr so gut anstand. – Otto war erstaunt. »Sie kennen mich?«
»Ich sah Sie doch schon öfters aus dem Gasthof »Alpenrose« herauskommen; die paar Fremden in Hinterwang kennt man natürlich.«

Da gestand er ihr stockend, er habe sie ebenfalls schon öfters beobachtet und, nun ja, im stillen verehrt.

Sie habe es wohl bemerkt, lächelte Sabine. Und ganz aus Zufall sei sie heute auch nicht hierher baden gegangen: »Ich sah Sie schon öfters hierher gehen, und ich habe Sie heftig hergewünscht!«

Ottos Träume von der keuschknospenden Rose fielen nicht zusammen, denn wie Sabine das so hinsagte, deuchte ihn alles elementar und kindlich-unbefangen. War es denn nicht zum Entzücken, wie sie sich so ohne Scheu verplapperte?!

Es wurde ein wundervoller Nachmittag. Sie schwammen miteinander in den See hinaus, sie räkelten sich in der Sonne und schließlich küßten sie sich. Glücklich lächelnd lag Sabine in Ottos Arm.

»Ich stelle mir vor«, flüsterte er selig, »du bist eine verzauberte Wassernixe, die Menschengestalt angenommen hat. Zum Glück ziert dich kein Fischschwänzchen und du bist ein junges schönes Menschenweibchen...« Sabine lachte herzhaft: »Du überschätzest mich, Lieber!«

»Nein, du bist eine Besondere, es ist so eine kindliche Aura um dich, so etwas Unberührbares an dir.« Er besserte sich schnell, denn das Tabu-Mädchen lag ihm ja so warm an der Brust... »Also ich meine das vergleichsweise: du bist noch ein reines Kind in deiner Art; weltfremd bist du gewiß.

Wie soll ich dich recht behüten, wenn du mit mir gehen willst, ins Weltgetriebe hinaus?!«
»Ich möchte auf jeden Fall meinen Beruf beibehalten«, sagte die Fee Sabine.
»Ach – du hast einen Beruf? Was bist du denn?«
»Die Hebamme von Hinterwang, mein lieber, naiver Otto!«

Ein unmögliches Mädchen

Sie brachte den ganzen Kahn durcheinander. Im Speisesaal an Deck wurde es merkwürdig still, wenn sie eintrat. Die Männer warfen feurige Blicke, und die Damen ärgerten sich über ihre Gatten und die reizende Ursache ihres Äugelns. Die Herrn Oberstewards, die die Ehrenrunde durch den Saal drehten, blieben wie zufällig bei ihr stehen und knüpften ein neckisches Gespräch an, und bei Kapitäns Cocktailparty setzte sich der hohe Herr wahrhaftig für eine halbe Minute an ihren Tisch und stieß augenzwinkernd mit ihr an! Sie hieß übrigens ganz schlicht Gerda Müller und war eine Austauschstudentin.

Es wäre wohl nicht leicht zu sagen gewesen, worin eigentlich der Zauber ihres Wesens lag. Vielleicht war es neben ihrer unleugbaren jugendfrischen Schönheit ihre natürliche Unbefangenheit. Dabei hatte sie gar nichts Angeberisches und war ein an-

ständiges Mädchen. Nicht einmal ihre Feindinnen konnten ihr etwas nachsagen. Das ältliche Fräulein Grüninger, das die Kabine mit Gerda teilte, mußte auf viele Wisperfragen enttäuschend antworten, »das junge Ding« liege abends spätestens um 11 Uhr in der Koje.
Einmal gab es ein heiteres Zwischenspiel im Speisesaal. Als Gerda nach dem Essen hinausging, wie gewöhnlich begleitet von hundert Augen, wurde es allen Blicken kund: an ihrer phantasievollen Dreiviertelhose, die sie zu tragen liebte, war der seitliche Reißverschluß geplatzt – und man sah wahrhaftig ein bräunliches Bein bis in Hüfthöhe schimmern! Allerorts wurde geschmunzelt und auch schadenfroh gekichert. Ein Steward fühlte sich verpflichtet, ihr nachzugehen und ihr den Tatbestand zuzuflüstern. Sie errötete nun wohl? O keine Spur! Gar nicht eben leise sagte sie über die Schulter: »Ach ja, das Biest verklemmt sich öfter mal!« Womit sie besagten Reißverschluß meinte, an dem sie nun herumnestelte, bis er wieder zuschnappte. Ein paar ältere Damen steckten die Köpfe zusammen und tuschelten. »Ein unmögliches Mädchen!« sagte eine.
Aber es trat nun doch der Fall ein, daß Fräulein Gerda Müller sehr schamhaft errötete. Das war an einem schönen Nachmittag; die See lag blank und hell und still. Gerda hatte sich auf einen Deckstuhl hingekuschelt und träumte in die Weite hinaus. Sie

mochte an das verlorene Zuhause und an eine ziemlich ungewisse Zukunft denken. Ein paar Kinder tollten auf dem Deck herum. Was dann geschah, spielte sich so rasch ab, daß man hinterher nicht mehr recht wußte, wie es passieren konnte. Eines der Kinder, ein fünfjähriges Mädchen, turnte im Eifer des fröhlichen Umtriebs an der Reeling empor, rutschte aus und stürzte über Bord. Noch bevor die Schrecksekunde bei den herumsitzenden Fahrgästen verebbte, war Gerda aufgeschnellt und hatte sich über die Geländer geschwungen, dem Kinde nach. Als der Entsetzensschrei die Wache alarmiert hatte und der nächst stehende Matrose in größter Eile die Strickleiter ausgelegt und hinuntergeklettert war, schwamm ihm Gerda schon entgegen, das gerettete Kind im Arm.

Dann kam jener Augenblick, in dem das Mädchen errötete. Denn als sie die Leiter emporgeklettert war und das Deck betrat, bildete sich im Nu ein Ehrenspalier, durch das sie hindurchschreiten mußte, und auch keine der sonst grollenden Damen nahm sich davon aus. Das Stillschweigen war beredter als eine laute Ovation hätte sein können, und es lächelte sogar niemand, als sich »augenscheinlich« herausstellte, daß sich bei ihrer kühnen Tat wieder einmal jenes »Biest« verklemmt hatte! Und da eben geschah es, daß sie über und über errötete, aus Scham über diese Huldigung. Sie gewann ihre natürliche Farbe und Unbefangenheit erst wieder, als der Kapitän auf sie zutrat, die Patschnasse in den Arm nahm und ihr einen schallenden Kuß gab. Der Bann war gebrochen, alles klatschte, und Gerda warf übermütige Blicke umher. Sie vergaß sogar, das »Biest« zu schließen.

Die Eigensinnige

Sie hatten sich auf einem Karnevalsfest kennengelernt, zu später, das heißt morgenfrüher Stunde. Sie war leicht beschwipst und schüttete ihm sein Glas Sekt über die Hemdbrust, als er sie umarmen wollte.
Er war angenehm erstaunt, daß sie sich so ihrer Haut wehrte, denn um diese Stunde waren die Schranken von Sitte und Sittsamkeit schon ziemlich gelockert. Er war im Grunde auch kein Freund dieser Massenknutscherei.
»Du gefällst mir, Mädchen!« lachte er sie an, »wie heißt du?« – »Hermine«.
»Paßt großartig, ich heiße nämlich Hermann! Trinkst du wenigstens ein Glas Sekt mit mir?«
»Wenn Sie sich anständig benehmen, gerne.«
»Siezen tust du mich auch, du bist köstlich!«
»Ich bin mal so.«
»Merk' ich! Auf so was hab' ich die ganze Nacht

schon gespannt, bis jetzt hab' ich mich nämlich recht gelangweilt.«

Sie tranken, sie unterhielten sich. Plötzlich schmiegte sie sich an ihn und küßte ihn, kurz und heftig. Er war noch mehr überrascht als vorhin. Es tat verdammt wohl, sich von einem so entzückenden Mädchen küssen zu lassen!

»Sie gefallen mir auch«, flüsterte sie an seinem Ohr.

»Immer noch »Sie«?«

Sie nickte ernsthaft. »Ja, ich kann nicht anders.«

Als er selber nochmals zärtlich werden wollte, wurde sie wieder kratzbürstig. »Lassen Sie die Hand weg!« fauchte sie.

Man mußte ihr gehorchen. Bei Gott, das war kein Karnevalsliebchen.

Auf seine Bitte hatte sie ihm ohne weiteres ihre Anschrift gegeben. Eines Tages lud er sie zu einem Spaziergang ein.

Sie sagte zu, sie kam. Sie war Apothekerlehrling, ein kluges, charmantes, hübsches Geschöpf.

Er hatte das »Du« des Karnevals beibehalten und sie ließ es sich gefallen. Aber sie weigerte sich es zu erwidern.

Auch als sie schon sehr gute Freunde waren, duzte sie ihn nicht.

»Hermine, warum dieser Eigensinn?«

Sie sah ihn seltsam an. Aber sie nannte keinen Grund und sie siezte ihn weiterhin.

Da wurde er unwirsch.

»Es ist einfach lächerlich von dir, Hermine«, sagte er ihr eines Tages. »Du weißt, wie gern ich dich habe, und du hast mir auch schon Beweise deiner Zuneigung gegeben, darauf bin ich stolz. Aber daß du immer noch »Sie« zu mir sagst wie zum nächstbesten Kunden in deiner Apotheke, das ist mir unerträglich. Nun sei schon nicht so starrköpfig!«

In ihre Augen traten Tränen, aber sie schüttelte den Kopf. »Nein, es muß so bleiben.«

An diesem »Eigensinn«, wie Hermann es bei sich nannte, ging ihr schönes Verhältnis eines Tages zugrunde. Es gab einen Zwist, bei dem Worte fielen, die nicht mehr gut zu machen waren.

Wie schade, dachte Hermann hinterher, wir hätten fein zusammengepaßt. Sie wäre die rechte Frau für mich gewesen. Ich hätte nicht so lange zuwarten sollen, ich hätte sie schon längst um ihr Jawort bitten müssen. Solche Mädchen wie Hermine laufen doch nicht dutzendweise herum. Nun ist's zu spät.

Nach Jahren trafen sie sich einmal wieder zufällig. Sie hatten inzwischen beide geheiratet, aber die alte Sympathie flackerte gleich wieder auf. Ihr Gespräch war freudebewegt und herzlich.

Und da sagte er: »Hermine, war es richtig, daß du damals so eigensinnig warst. Ach, ich sage noch immer »du«, das »Sie« will mir nicht über die Lippen.«

Hermine sah ihn mit vollem Blick freundlich an, senkte den Kopf und sagte: »Wir sind jetzt ja alt genug, Hermann, ich kann ruhig darüber sprechen. Sie haben damals nicht verstanden, daß ich mich an das »Sie« klammerte als an einen letzten Halt. Wir waren Freunde, aber ich wußte nicht, ob Sie diese Freundschaft in etwas Dauerhafteres verwandeln wollten. Wenn ich »du« zu Ihnen gesagt hätte... Sie hätten mit mir... hätte ich mich Ihnen −«
Sie errötete schamhaft. Dann sah sie ihn an und sagte: »Ich hielt etwas auf meine Mädchenehre. Ich liebte Sie. Ich wollte nicht schwach sein... **Nun weißt du alles!«**

Der Kuß der Unbekannten

Wenn mir jemand vorausgesagt hätte, ich würde mich mit der entzückenden jungen Dame, die in der überfüllten Gaststätte an meinem Tisch Platz genommen hatte, heute abend noch küssen, so hätte ich wohl ungläubig gelächelt, wennschon ich in dieser Hinsicht nicht gerade an Minderwertigkeitsgefühlen leide. Man bedenke: sie war, selbst ein Unerfahrener mußte es spüren, wirklich eine Dame, eingehüllt in einen Schleier ungekünstelter Zurückhaltung, und was schwerer wiegt: sie hatte einen Begleiter; er legte manchmal im Gespräch seine Hand zärtlich auf die ihre, die sie dann scheu zurückzog, aber nicht ohne ihn durch einen liebevollen Blick zu entschädigen.
Sie trug ein hochgeschlossenes schlichtes Kleid, aber es schien in Faltenwurf und Sitz den Stolz zu verkünden, Edles zu verhüllen.
Nein, ich ließ mir mein Glück nicht träumen, aber

ich hätte es mir eigentlich denken sollen, daß eine holde Begegnung meiner harrte, denn das schöne Frauenbild sah Edith gleich – jenem Mädchen, das ich vor Jahren geliebt wie keine andere. Die Edith-Naturen neigen sich mir zu, das ist kein Verdienst, nur Gnade.

Der Begleiter sah auf die Uhr und verabschiedete sich; ich hörte ihn bedauern, gerade heute abend verhindert zu sein. Er wünschte ihr viel Vergnügen. Sie war um keine Spur zugänglicher, als er sich entfernt hatte. Nein, sie hatte so gar nichts von »kleinen Mädchen« an sich. Fahr hin, o Traum...

Nach einer halben Stunde saß sie neben mir im Theater. Ich war zu freudig erstaunt, um einen halbvertraulichen Gruß unterdrücken zu können. Sie dankte mit einem leisen Lächeln, das der Mann schon als eine kleine Gunst auffaßt. Gleich mir mochte sie angerührt sein von der Neckerei des Zufalls, der uns wieder zusammengeführt hatte. Ich wagte ein paar Worte in diesem Sinne zu sagen. Sie erwiderte kühl, ich freute mich dessen, es paßte in das Bild, das ich mir von ihr gemacht hatte; aber ich sah auch, daß um ihre Mundwinkel der Schalk zuckte, das freute mich noch mehr.

Man spielte »Maria Stuart«. Eine berühmte Schauspielerin verkörperte – ich möchte lieber sagen: »verseelte« – die Hauptrolle. Im spärlichen Bühnenlicht beobachtete ich, wie Bewegung, Rührung, Erschütterung aus den Zügen

meiner Nachbarin abzulesen waren. Sie litt mit.
Sie war selber die unglückliche Königin.
Als die große Szene zwischen Elisabeth und Maria
abrollte, geschah es. Das Mädchen griff plötzlich
nach meiner Hand, die auf der Polsterlehne des
Sessels lag, und drückte sie heftig.
Oh, ich wußte: es galt nicht mir. Es galt dem Dichter, der Schauspielerin, der hohen Kunst. Es war
der unwillentliche Ausbruch einer heimlich feurigen Natur. Aber es war meine Hand, die gedrückt wurde, und es war mein Herz, das darob
erschauerte.
Wir sprachen kein Wort. Erst als die Vorstellung
zu Ende war – das Mädchen saß still und bleich
unter den Beifallspendenden – fragte ich, ob ich
sie begleiten dürfe. Sie sagte ohne Ziererei zu. Sie
hatte mir ja eben, und sei's für wenige Sekunden,
schon mehr gewährt.
Ich löge, wenn ich nun von hohen Gesprächen erzählen würde, die wir unterwegs geführt hätten.
Nein, wir sprachen von alltäglichen Dingen. Doch
es fluteten spürbar sanfte Wellen der Neigung
zwischen uns.
Als ich mich unter dem dunklen Bogen der alten
Hauseinfahrt von ihr verabschiedete, bat ich um
einen Kuß. Sie lächelte und küßte mich. Es war
keine Spur von Leidenschaft in ihrer Liebkosung,
aber ein Gran köstlich-fraulicher Zärtlichkeit,
und das machte mich glücklich.

Luzias drei Einsilber

Sie saßen am Silvesterabend zusammen, – eine Gesellschaft von munteren jungen Männern und Mädchen, alle miteinander vertraut von Jugend auf, auch durch manche Tändelei der Herzen.
Luzia war unter ihnen, die schöne und viel angeschwärmte Luzia. Sie hatte auf diese Nacht ihre ganze Zukunft gesetzt. Denn sie wollte sich endlich darüber klar werden, wen von ihren drei Verehrern, Kurt, Heinz und Wolf, sie wählen solle. »Luzias drei Einsilber« wurden sie scherzhaft im Freundeskreis genannt, denn man wußte, daß jeder von ihnen um das Mädchen warb.
Luzia aber war nicht nur schön, sondern auch klug. Sie gab sich keiner Täuschung hin: Die Ehe war kein Spiel, sondern eine sehr ernste Sache und konnte nicht reiflich genug überlegt werden. Nun war es so, daß sie alle ihre drei Einsilber gern mochte und sie hatte sich bisher noch für keinen

endgültig entscheiden können. Sie sahen alle gut aus und hatten jeder etwas vorzuzeigen. Kurt war ein junger Literat, gescheit, etwas genialisch-wirr, feurigen Temperaments −: mit ihm würde es sich nicht ganz leicht, aber »interessant« leben lassen. Heinz war ein Bankangestellter, arm zwar wie sie selber, aber herzensgut, weich, gemütvoll −: die Ehe mit ihm würde sehr heimelig ausfallen. Wolf schließlich, der Fabrikantensohn, war wohlhabend, »schick« und ein bißchen harmlos −: sie würde ihn beherrschen und ein bequemes Leben führen. Ach, daß man die drei nicht zusammenwerfen konnte: Zu einem intelligenten, gütigen, reichen Exemplar Mann! Luzia war ja viel zu klug, um nicht einzusehen, daß jeder Mensch seine Vorzüge und Fehler habe, und sie bezog sich selbst in diese Erkenntnis ein! Doch immer wieder hatte sie geschwankt, wenn ihr der eine oder andere Anbeter zugesetzt hatte: Stürmisch oder rührsam oder mit Vernunftgründen.
Nun war sie des inneren Widerstreites müde und wollte endlich das eigene Herz zur Ruhe kommen lassen. Das eigene Herz... sie staunte mitunter selber in sich hinein, daß dieses »rote Ding in der Brust« eigentlich so wenig bei ihren Überlegungen mitsprach. Hatte der Verstand es überwuchert? Sie wußte nur, daß jeder der drei Männer ihr sympathisch war, daß sie sich mit jedem von ihnen ein Leben zu zweit vorstellen konnte, und daß sie es

ihnen und sich selber schuldig war, nun endlich Farbe zu bekennen. Sie würde es tun! Jedem hatte sie es einzeln gesagt: in dieser Silvesternacht entscheide es sich, und sie hatte jeden auch herzlich gebeten, ihre Wahl anzunehmen und dem Bevorzugten und ihr nicht zu grollen.

Es ging so lustig zu, wie es sich an Silvester gehört. Man lachte, trank, scherzte, sang, tanzte und liebelte. Die Mitternachtsstunde rückte näher, zu der das übliche Bleigießen vorgesehen war. Die schöne, kluge Luzia, hatte es sich so zurechtgelegt: Da sie sich selbst so schwer entscheiden konnte, wollte sie eines Schicksalswinkes gewärtig sein. Sie gedachte zuzusehen, was für Figuren ihre Einsilber beim Bleigießen herausfischten und welche sie selbst erwischte – und ob diese dann nicht vielleicht eine »Kombination« mit einer der anderen nahelege! Jawohl, so romantisch war die kluge Luzia in ihrer Herzensnot.

Doch bevor es so weit kam, griff das heimlich von ihr beschworene Schicksal ganz anders ein. Es war da ein Gast in der Gesellschaft aufgetaucht, ein Fremder, den ein Zufall in der Stadt festgehalten hatte; ein guter Freund von ihm hatte ihn mitgebracht. Er war etwas älter, reifer als die anderen, aber er fügte sich gut in den Kreis ein. Als er Luzia erblickte, war es ihm, als habe er sein Leben lang nur auf sie gewartet. Als er mit ihr tanzte, sagte er es ihr leise mit zarten Worten, die gleichwohl seine

Erschütterung nicht verbargen. Sie aber errötete, denn ihr Gefühl antwortete dem seinen. Noch nie hatte ihr Herz Alarm geschlagen; jetzt schlug es, und eine Glückswelle durchströmte sie. Zu überlegen, zu bedenken, zu entscheiden gab es nichts mehr.

Während die anderen zum Bleigießen schritten, besiegelten sie draußen auf dem Balkon, unter den Sternen der Silvesternacht, ihren Bund mit heißen Küssen. Luzia achtete dann später gar nicht mehr groß darauf, daß Kurt eine Wiege, Heinz einen Geldbeutel, Wolf ein Buch gegossen hatten. Als sie, von den anderen gedrängt, selbst das heiße Blei in die Schüssel schüttete, formte sich ihr wahrhaftig ein Herz! O, sie wäre ja schwer in Verlegenheit geraten, wie sie die vom Schicksal erbetenen Figuren ihrer Einsilber hätte deuten und mit der eigenen Figur, dem eigenen »Herzen«, kombinieren sollen! Wie herrlich, daß sie es nicht mehr nötig hatte! Der Fremde, Konstantin, goß einen Stern. Luzia, die es trefflich verstand, Haltung zu wahren und das wichtige Ereignis zu verschweigen, flüsterte noch am gleichen Abend Kurt, Heinz und Wolf, jedem einzeln, ins Ohr, leider sei ihre Wahl nicht auf ihn gefallen und er möge es ihr bitte nicht nachtragen, wenn sie ganz ihrem Herzensdrang gefolgt sei.

Als Konstantin sie durch die kalte Neujahrsnacht nach Hause begleitete, war Luzia sehr glücklich;

sie hatte gar nicht gewußt, daß Liebe etwas so Schönes und Großes ist. Sie verschenkte ihr Herz unter guten Sternen.

Das Kind mit der Puppe

Eine reine Vernunftehe konnte man es nicht nennen, als sie sich heirateten: er Ingenieur, sie Studienrätin und Doktor der Philosophie. Man war natürlich erhaben gewesen über romantische Tändeleien und verliebtes Getue – man stand ja einem großen Fabrikbetrieb vor, und man hatte über den fünffüßigen Trochäus in der deutschen Literatur promoviert. Man hatte sich eben kennen und schätzen gelernt, eine ähnliche Einstellung zu den großen Lebensfragen beieinander festgestellt. Er fand Gefallen an ihren weiblichen Reizen und an ihrer vornehmen Art, sie hatte nichts einzuwenden gegen ein geruhiges und sorgenfreies Leben außerhalb eines wenn auch geschätzten, so doch nicht gerade geliebten Berufs. Also kurz und gut: man hatte beschlossen, die gegenseitigen Sympathien zusammenzuwerfen und zu heiraten. Eine reine Vernunftehe konnte man es nicht nennen...

Auf den Luxus von Kindern wollten sie verzichten, das hatten sie schon als Brautleute in einem freundschaftlich-ernsten Gespräch auf Agathes ausdrücklichen Wunsch festgelegt. Man wollte lieber gemeinsam Sport treiben, reisen, sich in Kunst, Literatur und Musik umtun. Und siehe da: man fand es in nun zweijähriger Ehe bestätigt, daß man wirklich so harmonisch miteinander leben konnte, wie man es sich ausgedacht hatte. Man verkehrte miteinander freundlich, mitunter fast herzlich, las und musizierte und wanderte miteinander, wich sich taktvoll aus, wenn man schlechte Launen zu verarbeiten hatte, – kurz, man führte, was man so eine »glückliche Ehe« nennt.

Die frühere Studienrätin, Dr. phil., saß eines schönen Sommertages in den Anlagen eines freundlichen Kurorts, wo man dieses Jahr die Ferien miteinander verleben wollte. Sie war um einige Tage ihrem Mann vorausgefahren, den noch Geschäfte festhielten. Beinahe langweilte sie sich ein bißchen, und etwas spöttisch dachte sie: »Wie man sich doch aneinander gewöhnt! Ich habe beinahe Sehnsucht nach Arthur.« Aber mit jener energischen Geste, bei der einst ihre Schülerinnen, freche Backfische, immer mucksmäuschenstill gewesen waren, schob sie solche sentimentalen Gedanken von sich ab und war wieder ganz Beherrschtheit, ganz Klugheit, ganz Dame ...

Neben ihr hatte sich ein vielleicht siebenjähriges

Mädelchen mit einer Puppe niedergelassen mit der es in rührendem Eifer spielte. Die Kleine rupfte ein Büschel Gras, legte ihr Püppchen behutsam aufs weiche Lager, zog es nackt aus, nahm ein paar Blumen als Schwamm und putzte und wusch und rieb an dem süßen Kindchen herum, murmelte zärtliche Worte und zog ihm, immer mit denselben behutsamen Bewegungen, wieder seine Sachen an: putzige Höschen, ein Röckchen mit rosa Band und ein knallgelbes Kleidchen. Dann setzte sich der Blondkopf die Puppe auf den Schoß, strich ihr übers Haar, rupfte und zupfte am Kleidchen herum, wiegte und schaukelte sie und küßte ihre blauen Augen.

Agathe Holsten sah lächelnd zu und fühlte plötzlich ihr Herz klopfen. Ihre berühmte selbstbewußte Geste versagte. Ihr war auf einmal, als lebe diese Puppe, als bewegten sich diese Fäustchen, als strampelten diese Füße mit den aufgemalten braunen Strümpfen, als spitze sich der kleine, grellrot angestrichene Mund... Und immer stürmischer klopfte ihr Herz und ihr schien, als jage eine Welle heißen Blutes durch den ganzen Körper...

Und in dieser verzauberten Stunde geschah noch etwas Merkwürdiges, was das Leben der Frau Agathe Holsten, Studienrätin a.D., Dr.phil., Gattin des Ingenieurs und Betriebsdirektors Arthur Holsten, in neue Bahnen lenkte: Das Mädchen neben ihr auf der Bank bekam plötzlich einen sinnenden Zug, als ob es scharf über etwas nachdächte. Mit spitzen Fingern öffnete die Kleine vorne ihr Kleidchen, schob das weiße Hemd hastig zur Seite und legte ihre Puppe mit einem süßen, mütterlichen Lächeln an ihr weißes, sanftes Kinderbrüstchen. Strahlend schaute sie einen Augenblick lang die Dame neben sich an, um sich dann wieder eifrig dem Spiel ihrer schönen Pflicht hinzugeben...

Agathe Holsten schloß die Augen und sah sich selbst im sommerüberglänzten Garten ihres Hauses sitzen, ein kleines Menschenkind mit geballten Fäustchen und Zappelfüßen im Arm; schaute sich selbst wie in einer Vision: wie sie behutsam und mit seligem Lächeln ihr Hauskleid öffnete, das Hemd zur Seite schob und das Kindlein, ihr Kind, an eine voll sich wölbende Brust legte... Und in jähem, frohen Wachsein uralter Instinkte, erkannte sie, daß alle Weisheit der Welt und alle Philosophie ein Nichts war im Vergleich zu dem überwältigenden Erlebnis der Mutterschaft. Als sie aufblickte, war der Blondkopf verschwunden. In Agathe aber war ein Entschluß gefaßt.

Wer ihrer Bekannten sie jetzt gesehen hätte, würde sie kaum mehr erkannt haben, wie sie verträumt auf der Bank saß: nicht mehr Beherrschtheit, nicht mehr nur Klugheit, gar nicht mehr Dame, sondern nur noch Hingebung, nur noch Weib.

Ein goldenes Kettchen für Albertina

Beim Durchblättern der Heimatzeitung während eines Urlaubs im Süden stieß ich zufällig auf die Todesanzeige des einzigen Sohnes der Sattlermeisterswitwe Albertina Boßhardt.
Albertina? Dieser wenig gebräuchliche Vorname war mir doch irgendwann begegnet. Lange freilich mußte es her sein, wie ein Hauch nur wehte mich die Erinnerung an. Nochmals las ich die Anzeige und fand, was ich zuerst übersehen, auch den Mädchennamen der trauernden Mutter vermerkt: Albertina Boßhardt, geborene Faißt.
Albertina Faißt. Ein Tor war plötzlich aufgestoßen, ein Tor in ferne Jugendzeit, da ich mit ein paar Dutzend Kameraden die beiden letzten Gymnasialjahre in einer jener alten schwäbischen Klosterschulen verbrachte.
Damals war Albertina Faißt, Tochter eines städtischen Beamten, die vielumschwärmte

»Flamme« fast von uns allen gewesen. Wir verehrten sie heftig, wir kauften ihr bei den bescheidenen Festen des Turnvereins alle Blumen ab, wir schrieben unsere Tagebücher voll mit Gedichten »An Albertina«, wir brachten ihr wohl auch einmal in der Abenddämmerung ein Ständchen, wenn der Vater Stadtinspektor verreist war, denn die noch jugendlich hübsche Mutter schien unsere Schwärmereien gern zu sehen, ja wohlwollend zu dulden. O schöne Zeit! Glanz der Jugend lag über unseren Tagen, und wir wußten's nicht. Unsere Gefühle waren noch frühlingshaft rein, und was wir Liebe nannten, war noch Sehnsucht und unverdorbener Trieb. Und um uns standen die geliebten Albberge, auf deren Höhen wir uns in jeder freien Stunde tummelten, bald in jungenhaft ausgelassenen Spielen, bald verstrickt in ernste Gespräche zwischen Himmel und Hölle, an denen wir Herz und Hirn entzündeten. Damals ging über uns Jünglingen ein Gestirn auf, das gerade uns jungen Schwaben besonders hell ins Herz hineinschien: Friedrich Hölderlin. Wir schwelgten im Wohllaut seiner Rhythmen und bemühten uns, edel zu sein wie er. Seine Dichtung und sein Menschentum war uns eine lebendige Macht. Und nicht minder liebten wir den Dichter, der die »alten Wolkenstühle«, wie sie uns über den grünen Wäldern weiß entgegenleuchteten, dereinst besungen: Eduard Mörike. In denselben Klosterräumen wie wir hatte er hundert Jahre zuvor gelernt und geträumt, dieselben Wege war sein Fuß gegangen, und die Urgroßmütter der von uns umschwärmten Mädchen waren seinem Blick begegnet.

Albertina Faißt, – heute weiß ich, daß sie mit uns spielte. Sie war mit ihren achtzehn Jahren uns Gleichaltrigen doch um Jahre des Instinktes und der Reife voraus. Ihr war schon bewußt, was uns noch unschuldige Gemütswallung war. Sie empfing unsere stummen und beredten Huldigungen als ihr zustehenden Tribut. Sie wußte um ihre Schönheit und deren gefährliche Lockung, die sie mit dem wilden Recht eines jungen Weibes gegen uns ausspielte. Ich sehe sie heute wieder genau vor mir, viel deutlicher sogar als meine Harmlosigkeit sie damals erkannte. Ich sehe ihre hohe schlanke Gestalt; ihre Haut war bräunlich und sehr glatt, in den grau-grünen Augen flimmerten aufreizend goldene Pünktchen wie Sonnenstaub, und ihr schmales Gesicht war von dunkelkrausen Flechten umrahmt. Damals sah und wußte ich bloß, daß Albertina ein schönes Mädchen war, merkte ich nur, daß es einem gar merkwürdig zumute werden konnte, wenn sie einen mit ihren Hexenaugen anblitzte.

Die plötzlich aufgerufene Erinnerung beschwor sie wieder aus dem Bildersaal ferner Jahre herauf. Da geschah nämlich die Sache mit Heinrich Matthes, meinem Mitschüler und Freund. Um seinetwillen erzähle ich diese Geschichte, die in ihrer Anspruchslosigkeit fast weniger als eine Geschichte ist und doch auch wiederum mehr: ein Gleichnis von der dunklen Urgewalt der Liebe. Gewiß, sie hat mich damals schon sehr bewegt, aber wiederum erfahre ich die Macht der Zeit, die das in der Jugend Erlebte bedeutend überhöht. Die Geschichte von Albertina und Heinrich erschüttert mich heute mehr als einst, wo doch die Beteiligten – doch ich will der Reihe nach erzählen.

Heinrich Matthes war ein feiner stiller Junge, wie man sie manchmal als edle Blüte an bescheidenem Stamme schwäbischen Kleinbürgertums findet, man weiß nicht recht, woher und wieso. Heinrichs Vater war Hausmeister an der Schule eines kleinen Neckarstädtchens, sich durch nichts auszeichnend oder heraushebend aus der Masse anständiger kleiner Leute. Die Mutter war ebenfalls, was man eine einfache Frau nennt, sie fiel höchstens auf durch ihr reizvolles Lächeln, das von Herzensgüte zeugte. Ich kehrte einmal auf einer Ferienwanderung im Hause Matthes ein, wie wir das so zu tun pflegten, wenn wir mit einem überaus bescheidenen Taschengeld durchs »Ländle« wanderten und überall zusahen, bei Bekannten oder Verwandten ein Vesper oder ein Nachtquartier zu erhalten.

Es verband mich mit Heinrich eine gute Freundschaft. Ich war damals ein etwas ungefüger Bursche, der mit seinen Gliedmaßen wie mit seinen Gefühlen sich mitunter recht täppisch gebärdete und sich von der reifen, ich sage heute: adeligen Art Heinrichs angezogen fühlte, wohl weil sie mir selbst durchaus nicht eignete. Heinrich hatte das gute stille Lächeln seiner Mutter und, selber schweigsam, war er meinem vielen Reden ein aufmerksamer Zuhörer. Einer der besten Schüler in unserer ohnedies gesiebten Schar, machte er doch gar nichts aus sich, nicht etwa wegen devoter Bescheidenheit (es fehlte ihm keineswegs an Selbstbewußtsein), sondern aus freundlicher Anlage; er hatte keine Feinde, oder ich sage besser, keine Kameraden, die ihm übelwollten, freilich auch kaum wirkliche Freunde, eben weil seine frühreife geistige Überlegenheit zu offensichtlich war und gelegentlich auch einen billigen Sarkasmus nicht verschmähte. Es mag darum auch übertrieben sein, wenn ich eben sagte, ich sei mit ihm gut befreundet gewesen. Ein bißchen einseitig war diese Freundschaft, aber das erkenne ich auch erst heute. Er mochte mich gut leiden, wohl aus dem gleichen geheimnisvollen Gesetz des Gegensatzes heraus, das mich mit ihm verband. Er hielt mich sogar manchmal für würdig, die Verse lesen zu dürfen, die er schrieb. Wir reimten ja alle – welcher Jüngling in den alten schwäbischen Klosterschulen tat das nicht? Aber ich war immerhin feinfühlig genug, um den Gradunterschied seiner und meiner, seiner und unserer Verse zu erspüren. Er bevorzugte übrigens die strengen Maße, insbesondere die antiken, nicht nur in verehrender Anlehnung an sein Idol Hölderlin, sondern eben aus verwandter Seele heraus.

Ich merkte lange nicht, daß auch Heinrich dem Zauber Albertinas verfallen war. Während wir anderen, tolpatschig verliebt oder schwärmerisch entflammt, mit unseren Gefühlen jungenhaft kokettierten, verschloß er seine Liebe in sich. Ihm war Erschütterung, was uns Harmloseren eine kleine Aufregung, vielleicht auch ein bißchen Sinnenkitzel war. Erst als ich den beiden einmal zu meiner Überraschung auf einem der verschwiegenen Bergwaldpfade unversehens begegnet war, ließ er sich herbei, mir ein paar Verse zu zeigen, aus denen seine Neigung glühte. Aber ein gutmütig-täppisches Wort von mir wies er so kühl, ja streng zurück, daß ich beschämt erkannte: hier spielten Dinge, die mir noch verschlossen waren, an die man anständigerweise auch als Freund nicht rührte.

Wie soll ich erklären, was kurz darauf geschah? Ich vermag's auch heute noch nicht so recht, wo mein Leben schon zur Schattenseite gleitet und deshalb die Eindrücke und Erlebnisse der fernen Vergangenheit unbarmherzig in scharfem Lichte erscheinen. Albertina, mochte sie ein triebhaftes Weibchen sein, war damals sicher kein alltägliches

Geschöpf. Es unterliegt mir keinem Zweifel, daß auch sie das Feine, das Besondere, das Edle an Heinrich Matthes erkannte und daß sie sich zu ihm hingezogen fühlte. Sie waren ein schönes Paar. Es flüsterte sich in unserer Gemeinschaft herum, daß die beiden näher zusammengehörten, als wir für uns selbst zu hoffen wagten. Mochte bei dem und jenem ein Gran Neid oder Eifersucht sich regen – wir achteten das Besondere des Verhältnisses, ließen uns freilich keineswegs abhalten, Albertina weiterhin anzuschwärmen und anzudichten. Und manch einer konnte auch jetzt noch prahlend von einem verschwiegenen Händedruck des Mädchens erzählen, von einem verwirrend ermunternden Blick während der Proben zum Kirchenchor, wo Seminaristen und Bürgertöchter sich trafen, oder gar von einem Spaziergang mit der Schönen. Sie nahm mit, was mitzunehmen war, die kleine Hexe, sie ließ nichts aus; die Verwöhnte konnte schlecht auf etwas verzichten, was sich bot: Süßigkeiten, kleine Geschenke, feurige Verse, Huldigungen jeder Art. Es war anzunehmen, daß auch Heinrich diesen Sachverhalt genau kannte; ich traf ihn mitunter, wie er verfinstert vor sich hinstarrte. Aber ich äußerte mich nicht dazu; schließlich war das schöne Kind ja auch mir nicht gleichgültig, und ein von ihr erbetteltes trug ich als kostbarsten Talisman im Gehäuse meiner Uhr herum.

Auch unsere Lehrer wußten. In der kleinen Stadt gab es keine Geheimnisse, und unsere Professoren waren großzügig oder klug genug, unsere unschuldigen Freuden uns nicht zu mißgönnen oder sie wichtiger und gefährlicher zu nehmen als sie waren. Daß die Seminaristen, es waren immerhin Primaner, mit den Bürgertöchtern scharmuzierten, das gehörte sozusagen zum Stil des Städtchens und zur ehrwürdigen Tradition.

Bis Heinrich Matthes eines Tages sang- und klanglos die Schule verlassen mußte. Wegen Diebstahls. Es war ungeheuerlich. Wir erfuhren es erst einige Stunden, nachdem unser bisheriger Kamerad den Platz geräumt hatte, den er mehrere Jahre lang ehrenvoll in unserem Kreise eingenommen hatte. Wir standen kurz vor der Reifeprüfung.

Aus halbverschleiernden amtlichen Erklärungen, aus geflüsterten Mutmaßungen, aus aufbauschenden und entschuldigenden Gerüchten setzte sich uns erst allmählich das Bild des bösen Falles zusammen. Als auch Albertina Faißt kurz darauf mit einiger Plötzlichkeit unserer Sicht entschwand – sie besuchte Verwandte im Ausland, hieß es – lichteten sich die Zusammenhänge deutlicher.

Albertina hatte einen ungestümen Hang zu Schmuck und Geschmeide. Es mochte ihr bewußt sein, daß kostbarer Schmuck ihrer leuchtenden und verführerischen Schönheit wohl anstand, sie hob und adelte. Nun war ein Inspektorengehalt auch vor einigen Jahrzehnten recht bescheiden; zudem kam man in den Familien unserer bürgerlichen Kreise mit ihrer bewußt sparsamen Lebenshaltung nicht auf den Gedanken, Geld in Schmuck anzulegen, auch nicht für den einzigen, etwas verwöhnten Fratz von hübscher Tochter, es sei denn für die großen Feste des Lebens. So konnte denn Albertina ihr samtenes Häutlein höchstens mit billigem Tand schmücken.

Heinrich, in so vielen Dingen abweichend vom Zuschnitt eines Klosterschülers, teilte die Vorliebe Albertinas. Er besaß ein dickes Werk über antike Gemmen und konnte geradezu als Kenner dieser ausgefallenen Materie gelten. Es fiel ihm bei, vom Schmuckbedürfnis und -verständnis des Renaissancemenschen zu schwärmen, und manchmal stand er selbstvergessen vor der Auslage des einzigen Juweliers unseres Städtchens und betrachtete hingerissen die schönen Amethyste und Rubine, die kunstvoll geschmiedeten goldenen Halsketten und Armbänder.

Männer seiner Art – ich sage »Männer«, denn er war uns ja allen weit voraus – verfallen dem Eros tiefer und gefährlicher als andere. Als er eines Tages feststellte, daß Albertinas glühendes Verlangen nach einer wunderschönen Halskette in Meister Brösamles Auslage trug, da stand bei ihm der Entschluß fest, sie ihr zu schenken. Er mochte im Zenith seiner Leidenschaft für die

schöne Nixe stehen, es mochte sich bei ihm zur Wahnidee ausgewachsen haben, er müsse die Kette an des Mädchens schlankem Halse schimmern sehen. Sie war sehr teuer. Er schrieb zum ersten Male unter einem Vorwand um Geld nach Hause. Was er erhielt, reichte aber nicht.
Die Volksmeinung vom Teufel hat viel für sich. Hatte der Böse hier wirklich die Hand im Spiel? Warum mußte Heinrich gerade in diesem Zustand, wo er sozusagen außer sich war, warum gerade in solcher Stunde auf dem Pult seines Stubennachbars einen größeren Geldschein liegen sehen, gerade die Summe, die ihm fehlte?
Er nahm das Geld, kaufte die Kette und beschenkte Albertina mit ihr.
Es war ein Diebstahl, gewiß. Aber er war so einfältig ausgeführt, daß er rasch entdeckt werden mußte. Es erfolgte die Anzeige beim Vorstand der Anstalt, in kürzester Frist war die Sache aufgedeckt, Heinrich leugnete nicht.
Nicht nur ich, wir alle waren maßlos betroffen. Uns alle überkam eine Ahnung, daß hier wirklich dämonische Mächte am Werk gewesen waren, um einen Strahlenden zu verderben. Wir schmähten den Verstoßenen nicht. Wir schüttelten die Köpfe ob seiner Missetat, aber der Zauber seiner Persönlichkeit wirkte über sein Vergehen hinaus. Nur ein großes Bedauern blieb uns zurück. Und manch einer mochte sich über dem Gedanken ertappen,

daß Albertina wohl ein Mädchen sei, für das man »sich ruinieren« könne, wie wir wohl bisweilen in flegelhaftem Scherz krakehlt hatten. Hier hatte einer Ernst damit gemacht.
Als Heinrich den Geldschein an sich nahm, war er wirklich »besessen«; der Teufel, der ihm das Geld zuspielte, mochte ihm als der rettende Engel in seiner Liebesnot erscheinen. Er mußte dem vergötterten Mädchen die Kette umlegen, andere Gedanken hatten in diesem Augenblick keinen Raum in ihm.
Woher ich die Zusammenhänge so genau kenne? Heinrich Matthes hat mir alles selbst erzählt. Das war, als uns der Zufall im Herbst des Jahres 1914 auf einem flandrischen Schlachtfeld zusammenführte. Er war bei unserer Begegnung zuerst etwas scheu; aber als er spüren durfte, daß ich ihn nicht verachtete, ging er aus sich heraus und brachte selber die Sprache auf das Vorgefallene. Eine verhaltene Frage nach Albertina zeigte mir, daß sein Herz immer noch an der Frau hing, die sein Blut einst entzündet und die edelsten Kräfte seines Gemütes herausgefordert hatte, aber auch den sittenlosen Trieb, der jedem Menschen innewohnt. Heinrich hatte sich einer kaufmännischen Lehre zugewandt, ohne Befriedigung zu finden. Seine feinsinnige Art mußte ersticken in der nüchternen Sachlichkeit des neuen Berufs. Er hatte sich bei Kriegsausbruch sofort freiwillig zu den Waffen

gemeldet. Wir hatten viel voneinander in den paar Wochen, die wir in der gleichen Kompanie verbrachten. Damals erst wurden wir in Wahrheit Freunde.

Er fiel als Soldat. Das Schicksal meinte es gut mit ihm. Er hatte seine Schuld mehr als gesühnt.

Von Albertina hatte ich nie etwas gehört, bis ich in diesen Tagen jene Todesanzeige las. Ich hatte nicht einmal mehr an sie gedacht. Zu viel an Erschütterungen und aufwühlendem Erleben stürzte über unsere Generation in Jahrzehnten herein, als daß nicht manche Erinnerungen an Menschen und Dinge fortgespült worden wären, die uns einst wichtig erschienen.

Ich weiß heute, daß Albertina nicht das Zeug hatte, über sich selbst hinauszuwachsen. Sie hätte meinen Freund Heinrich nicht glücklich gemacht. Solche Frauen haben ihre große Zeit nur eine kurze Frist: wenn der einmalige Schimmer der Jugend sie umschwebt und gleichsam überhöht. Wenn das Elementarische der Jugend von ihnen abgefallen, ziehen sich die Dämonen zurück. Dann werden aus ihnen biedere Frauen, und keine süße Gefahr mehr umspukt sie.

Manchmal aber wird Albertina Faißt später noch an einen Augenblick ihres früheren Lebens gedacht haben, wo sie sich geadelt fühlen mußte, als ihr Heinrich Matthes die schöne Kette um den Hals legte, die er mit entwendetem Geld für sie gekauft hatte.

Wie Balthasar Häberlein im Himmelreich empfangen wurde

An der Himmelspforte zog die eben aus dem irdischen Jammertal abgeschiedene Seele des Lebensmittelhändlers Balthasar Häberlein schüchtern die Klingel. Der Engel vom Dienst ließ sie ein – unwirsch wie alle Subalternen in Uniform. Und zudem war es ja nur ein ganz gewöhnlicher Sterblicher.
Petrus musterte die arme Seele flüchtig und wälzte das Schuldbuch von Häberleins Heimatstadt, gewohnheitsgemäß schon im voraus die Stirn runzelnd. Er blätterte, schaute auf, blätterte wieder, und es wiederholte sich noch mehrmals, daß er bald auf den demütig vor ihm Stehenden, bald in die Buchseite blickte. Nein, es war kein Irrtum: auf Häberleins Blatt war nichts vermerkt, daß er jemals gegen irgendein Gesetz seines Staates verstoßen hätte.
Ehrerbietig stand Petrus auf – und das herum-

stehende Personal nahm stramme Haltung an — verneigte sich tief vor Häberlein und sprach: »Gehen Sie bitte hinein« (vor lauter Hochachtung siezte er die fromme Seele sogar) — »hier bitte, diese goldene Tür: zu den Heiligen!«

Und wieder einmal begehrte eine arme Seele Einlaß am Himmelstor. Petrus hatte gerade seinen bequemen Tag und wollte sich mit der Registrierung nicht lange aufhalten.

»Er soll einfach den irdischen Fragebogen ausgefüllt abgeben!« wies er den Einlaßengel an.

Der ging hinaus, um die Sache zu erledigen. Nach wenigen Augenblicken aber kam er, völlig erschüttert, wieder herein.

»Was ist denn los?« brummte Petrus.

Da sprach der Engel und er schlug vor Aufregung mit den Flügeln: »Herr, dieser Mann draußen behauptet, noch nie in den letzten Jahren einen Fragebogen ausgefüllt zu haben!«

Petrus blieb das Wort in der Kehle stecken.

Der merkwürdige Mensch (oder vielmehr müssen wir sagen: die merkwürdige Seele) wurde hereingeholt und von Petrus nach allen Regeln einer himmlischen Inquisition peinlich befragt. Aber er blieb dabei, daß ihm tatsächlich noch nie jemand die Ausfüllung eines Fragebogens anbefohlen hatte; er sei, betonte er, zeitlebens ein ordentlicher Staatsbürger gewesen.

Das ganze Personal war herbeigeströmt, um dieses

Exemplar homo germanicus anzustaunen. Dann entschied Petrus: »Wird dem Lieben Gott vorgestellt – und dann ab mit ihm ins himmlische Raritätenkabinett!«

Himmlisches Gericht

Sankt Petrus öffnete sachte die Tür zum Allerheiligsten und schob ein paar Neuankömmlinge zum lieben Gott hinein. »Seht halt zu, wie ihr durchkommt!« flüsterte er ihnen gutmütig zu. »Bei euch Künstlern hat ER selber Verhör und Urteil sich vorbehalten.«

Dann trat er vor Gottvaters Thron, neigte sich ehrerbietig und sprach: »Herr, da sind ein paar Zugänge: ein Baumeister, ein Tragiker, und ein...«
Der liebe Gott winkte ab: »Ist gut, lieber Petrus, ich werde schon hören. Künstlern bin ich besonders wohlgesinnt, sie haben meines Geistes einen Hauch verspürt und ihn der Menschheit weitergegeben, der Lohn soll ihnen nicht ausbleiben. – Nun, was hast du mir zu erzählen?« wandte er sich an den ersten.

Der trat fest und stolz hervor, warf sich dekorativ nieder und hob also an zu reden: »Herr, ich habe viele Dome zu deinen Ehren errichtet, gewaltige Bauwerke, die den Jahrhunderten trotzen, sie strecken ihre steinernen Wipfel hoch in deinen Himmel hinein. Tausende von demütigen Betern haben in ihren Hallen Platz!«

Der liebe Gott lächelte freundlich und sprach: »Schön, mein Sohn, da hast du wohlgetan. Ich werde dich meinem geheimen Firmament-Kabinett zuteilen, du magst neue Sternenwelten aus dem Nichts aufbauen. – Und du?« fragte er den zweiten.

Der trat mit feierlich umwölkter Stirn vor, beugte mit theatralischer Geste sein Knie und sagte voller Würde: »Herr, ich war ein Dichter mit Namen; ich habe die Menschen erschüttert mit den Gestalten und Gedanken meiner Tragödien; ich habe ihr Herz bereitgemacht für das Leben im Reiche des Geistes!«

Der liebe Gott lächelte freundlich und sprach: »Schön, mein Sohn, da hast du wohlgetan. Ich werde dich in meine geheime Kommission für himmlischen Lobgesang versetzen; da magst du neue Hymnen zu meinen Ehren dichten. – Und du?« fragte er den dritten.

Der trat, etwas verlegen lächelnd, vor des Allerhöchsten Thron, vergaß sich zu verbeugen und redete also: »Herr, ich schäme mich fast, zusammen mit diesen beiden großen Kollegen Dir vorgestellt zu werden. Meine Verdienste sind klein,

ich habe nicht dich, sonder nur deine schöne Welt besungen: in leichten und kecken Liedchen, in heiteren Geschichten und Gedichten. Ich habe die Menschen nur – lachen gelehrt!«
Da schmunzelte der liebe Gott und sprach: »Sehr schön, mein Freund, da hast du gar wohlgetan. Setz' dich für ein Jahrtausend zu meiner Rechten!« ...
Und nickte den beiden anderen huldvoll zu, daß sie entlassen seien.

Gedichte

Adam und Eva

Gott schuf aus Adams losen Rippen
Die Eva mit den Rosenlippen.

Anleitung für einen Don Juan

Was bei der Frau zum Ziele führt?
Die Naschsucht, die so viele »ziert«:
Ein kleines Schokolädchen macht,
Gar oft, daß hell dein Mädchen lacht;
Es wird noch aufgeweckter sein,
Verführen es der Sekt, der Wein.
Daß, wenn man bei Likören tanzt,
Du Frauen leicht betören kannst,
Das merk dir auch als Don Juan. –
Doch besser bändelst du schon an,

Wenn eine Frau sich schüchtern naht:
Es ist, wenn man nicht nüchtern, schad,
Sich einer Liebe hinzugeben.
Besser, die Energien zu heben
Und leben als ein wackrer Ehrenmann –
Erst mit dem Trauschein fang dich zu
vermehren an!

Faunische Ballade

Am Himmel steht der Sichelmond,
Im Grase sich der Michel sonnt,
Wo er verliebterweise liegt
Und Fräulein Lotte leise wiegt.
Das schöne Spiel, er trieb es lang,
Weil ihn erfaßt der Liebesdrang.
Dann jagen sie im Walde heiter,
Darauf an einer Halde weiter.
Der Michel lacht und Lotte grinst,
Ein Faun aus einer Grotte linst.
Nur er auf dieser Jagd sie sah –:
Erst sagt sie Nein, dann sagt sie Ja . . .!

Zwergenliebe

Er möchte küssen wohl der Range Lippen
Doch hat für ihn sie allzulange Rippen:
Ein Lächeln sich um ihre Lippen rankt,
Weil er kaum bis zu ihren Rippen langt.

Schüttelbummel durch die Mädchen

Zur Schule geht *Alexe* klein –
da gibt es manche Kleckselei'n.

Es zeigt nur die kluge *Brigitte* meist
in unserer bescheidenen Mitte Geist.

Wenn stramm auf der Wiese *Christine* mäht,
ein Lächeln auf ihrer Miene steht.

Ist mir die exzentrische *Dora* nah,
so glaube ich Ibsens Nora da.

Wer die liebe kleine *Erna* küßt,
weiß, daß sie aus gutem Kerne ist!

Bezaubernd ist der *Fanny* Ohr –
den Mund zieh' ich bei Anni vor!

Ich hab' das Modell mal, die *Grete,* gekniffen –
und schnell nach dem Ton, den ich knete, gegriffen!

Hurrjeh: was ist die *Hanne* mager,
ihr Wuchs ist wie beim Manne hager!

Wer wohl einmal die heiße *Irma* bändigt?
Ob es mit einem Märchenprinz aus Birma endigt?!

Kein Wunder, daß es so mit *Klärchen* hapert:
Sieh nur, wie's mit den Wimperhärchen klappert!!

Seht, welchen Umtrieb *Lotte* macht
und wie die kesse Motte lacht!

Einste machte mir die stolze *Marthe* Pein –
jetzt ist das Mädchen, das aparte, mein!

Als ich einst mit der schönen *Norma* fuhr,
da war sie spröde – doch pro forma nur!

Nimmer bin ich zu *Ottilie* lau:
Hold ist die wie einer Lilie Tau!

Mit zärtlichen Küssen mich *Pia* verwöhnt –
die Liebe ist nicht in Pavia verpönt!

Ich nenn' das holde *Röschen* mein,
sie ist wie ein Mimöschen rein.

So oft im Garten steht *Sibylle*,
hält am Narzissenbeet sie stille.

Um einen Pelz mich heute *Thusnelde* bat,
dieweil der Winter ja in Bälde naht.

Immer feste, *Ute*, schnauf' –
Nase mach' und Schnute auf!

Es spielte einen Walzer *Veronika* munter
mit Macht auf der Ziehharmonika 'runter!

Älter werde sie allmählich, *Wanda* meint —
ja, so ist es richtig wohl, daß man da weint!

Sepp, der die tolle *Zenzi* nahm,
bezwang das Weib und nennt sie zahm.

Zusammenhänge

Ach, wer kennt die Welt — Zusammenhänge?
Schicksal, Fügung, Zufall, Wille, Los —
Worte, Worte! Und Sirenenklänge.
Klein die Einsicht. Und das Rätsel groß.

Sind wir Puppen nur an Schaukeldrähten?
Sind wir Puppenspieler selbst vielleicht?
Will der Zufall, was wir selber täten?
Ist es Fügung, was man selbst erreicht?

Ist es freigewollt, was wir betreiben?
Treiben wir, was Schicksal ist und Los?
Ach, wir werden ohne Antwort bleiben.
Klein die Einsicht. Und das Rätsel groß . . .

Der Apfelfall

Der schönste Garten, den es gab,
War auch zugleich der Liebe Grab –
Den Garten Eden mein' ich.
Der Adam biß in Apfels Saft,
Die Eva grinste lasterhaft –
Denk' ich daran, so wein' ich!

Gäb's heute noch das Paradies –
Ich glaub', was Sündenfall man hieß,
Entfiele mangels Masse!
Wer ist schon groß auf Äpfel scharf?
Auch Eva hätte kaum Bedarf,
Und Adam spräch': ich passe!

Doch wenn von Nachbars bestem Baum
Mir über meiner Hecke Saum
Ein Apfel hängt, ein gelber,
Dann pflück' ich ihn, ich Bösewicht –
Zur Sünde braucht man Eva nicht,
Dafür genügt man selber!!

Wär's anders 'rum besser...?

Das Leben ist verkehrt gestellt:
Man kommt als kleines Kind zur Welt —
Viel besser wär's, wenn wir als Greise
Geboren würden: reif und weise.

Und rückten dann von solcher Höh'
Ins Mannesalter peu à peu,
Um weiterhin mit Jugendstreichen
Die Kinderunschuld zu erreichen.

Und wären schließlich irgendwo
Ein klitzekleiner Embryo,
Ein Zellenrest zuletzt, ein morscher,
Im Mikroskop der Plasma-Forscher.

Wär' das nicht fein? Dann wär' nicht not,
Zu deuten uns das Rätsel Tod
(Wie wir es bisher immer mußten) —
Wir endeten im Unbewußten...

Zum Teufel: nein! Wär' doch nicht froh.
Ich glaub', wir lassen's lieber so:
Daß man heranwächst — und als Greis
Erst um den Sinn des Lebens weiß...

Herzenswahl

Nun ward die Schlacht geschlagen:
Kreis- und Gemeindewahl. –
Die Gattin tät mich fragen,
Wie's mit der Stimmenzahl.
Da war das Panaschieren,
Das schien ihr nicht recht klar,
Und auch das Kumulieren
Ihr unverständlich war.
Ich deutete ihr's peinlich.
Da sprach sie kurzerhand:
»Das ist ja augenscheinlich
Grad wie im Ehestand!
Auch da wankt mal die Treue
Zur eigenen Partei;
Der Mann zumal mit Schläue
Macht sich von ihr oft frei:
Wählt eine »Kandidatin«
Aus fremder Liste gern,
Wenn sie mit lieber Tat ihn
Verhext – so sind die Herrn!
Mich würde das ergrimmen –:
Du kumuliere schlicht
Auf mich all deine Stimmen
und panaschiere nicht!«

Altern ...

Kühler weht's vom Abend her
Und die Schatten werden länger.
Dämmerung schwimmt ins Ungefähr,
Die Gestirne leuchten strenger.

Bald wird Nacht sein, Ewigkeit ...
Doch ein Trost winkt doch peut-être:
Denn je nach der Jahreszeit
Nachtet's früher oder später.

Lang ist's an Johanni hell.
Mög' drum, meinem Wunsch zuliebe,
Die Natur mir nicht zu schnell
Rauben die Johannistriebe ...!

Im gleichen Verlag sind noch erschienen:

M. Bosch/J. Haidle	Schwäbische Sprichwörter und Redensarten
Franz Georg Brustgi	Heiteres Schwabenbrevier Schnurren um Franz Napoleon Zu sein ein Schwabe ist auch eine Gabe
Kurt Dobler	Fürs Herz ond Gmüat Onser Hoimet
Karl Häfner	Alte Leut Mier Schwobe wearnt mit vierzge gscheit Vom Vierzger a'
Georg Holzwarth	Denk dr no
Ernst Kammerer	So isch no au wieder
Lore Kindler	D'r Spätzlesschwob
Wilhelm König	Dees ond sell *(auch mit Schallplatte lieferbar)*
Hedwig Lohß	Aus meim Schwalbanescht
Eugen Lutz	Mei' Wortschatz

Verlag Karl Knödler Reutlingen

Sebastian Sailer	Schriften im schwäbischen Dialekte
Heinz-Eugen Schramm	Magscht mi? Maultasche' Wia mr's nemmt
Wendelin Überzwerch	Uff guat schwäbisch
Werner Veidt	I möcht amol wieder a Lausbua sei Mr schlotzt sich so durchs Ländle Oh Anna Scheufele *(Alle 3 Ausgaben auch in Kassette lieferbar)*
Friedrich E. Vogt	Bsonders süffige Tröpfla En sich nei'horcha Schwäbisch mit Schuß Schwäbische Spätlese in Versen Täätschzeit
Rudolf Weit	Wann dr sag
Heinz Zeller	De ei'gspritzt Supp

In allen Bändchen findet der Leser und Vortragskünstler humorvolle, bodenständige und „bodagscheite" Gedichte, Witze, Anekdoten und Prosatexte zum eigenen Vergnügen und zum Vortragen in fröhlichen Kreisen.

Verlag Karl Knödler Reutlingen